Duch Prawdy

Duch Prawdy

Odnajdywanie pewności i zdecydowanej postawy

w niespokojnym świecie

SERIA DZIESIĘCIU PRZYKAZAŃ

Marja Verschoor-Meijers

Odpowiedział mu Jezus: Sam mówisz, że jestem królem. Ja się narodziłem i na to przyszedłem na świat, aby dać świadectwo prawdzie; każdy, kto z prawdy jest, słucha głosu mego.

Rzekł do niego Piłat: Co to jest prawda?

Jan 18:37-38

Spis treści

Wstęp

Nie mów fałszywego świadectwa przeciw bliźniemu swemu.

Druga Księga Mojżeszowa 20:16

Jednym z najsłynniejszych pytań w historii ludzkości było to, z którym Piłat desperacko skonfrontował Jezusa: *A czym jest prawda?* Tak długo, jak istnieje ziemia, ludzie szukają prawdy; ludzkość szuka tej jednej pewności, która rozstrzygnęłaby wszystkie spory, wszystkie błędy, wszystkie wątpliwości: prawdy!

Od wieków dziewiąte przykazanie uczy chrześcijan, i prawdopodobnie także niechrześcijan, by nie oskarżać nikogo fałszywie. Wydaje się to takim prostym aktem dobroci; bądź miły dla wszystkich i nie kłam. Aczkolwiek dzisiaj żyjemy w świecie, który wydaje się być pełen oskarżeń, kłamstw i plotek.

Wystarczy sprawdzić nasze programy telewizyjne, gazety, czasopisma, radio, internet i filmy. Jesteśmy nieustannie bombardowani historiami o ludziach, którzy oszukują, kłamią i oskarżają innych o spowodowanie bałaganu,
w którym się znajdują. Takie praktyki stały się pewnego

rodzaju rozrywką. W jakiś sposób oglądanie nieszczęścia innych ludzi w wyniku kłamstwa i oszustwa stało się wielkim biznesem!

Biblia jednak uczy nas, by nie oskarżać nikogo fałszywie. Musimy uważać na to, co mówimy o sobie nawzajem. Czy możliwe jest trzymanie się z dala od postawy reprezentowanej przez świat? Czy możliwe jest żyć
i mówić prawdę, nawet jeśli większość ludzi nie wydaje się tym zbytnio zainteresowana? Jak to się stało, że oddaliliśmy się od prawdy? Czy istnieje jasna definicja prawdy?

Powiedzieć, że nie mówimy złych rzeczy, nie plotkujemy ani nie kłamiemy, to jedno. Ale co my *robimy*? Czy mamy pełną miłości postawę wobec innych? Samo nieplotkowanie nie czyni nas chrześcijanami; niekłamanie też nie. To nie przez rzeczy, których nie robimy, będziemy uważani za dzieci Boże, ale dzięki temu, co robimy: kochając Boga i kochając innych.

W poprzednich książkach z tej serii wyjaśniłam fakt, że nie chodzi już o zwykłe przestrzeganie Prawa, ale o wypełnianie go w miłości, tak jak czynił to Jezus. List do Rzymian 13:10 mówi nam, że: *miłość bliźniemu złego nie wyrządza. Dlatego miłość jest wypełnieniem prawa.*

Litera prawa Starego Testamentu mówi „nie oskarżajcie nikogo fałszywie", Duch mówi „mówcie prawdę". Duch

Święty zawsze będzie zachęcał nas do zmiany od wewnątrz. W tej książce przyjrzymy się bliżej Prawdzie, tak, przez duże P, i odkryjemy jej niesamowitą moc i tożsamość.

Marja Verschoor-Meijers

Dziewiąte przykazanie

Nie mów fałszywego świadectwa przeciw bliźniemu swemu.

Druga Księga Mojżeszowa 20:16

1

Jedynie prawda

Nie okłamujcie się nawzajem, skoro zewlekliście z siebie starego człowieka wraz z uczynkami jego...

List św. Pawła do Kolosan 3:9

Wyobraź sobie salę sądową. Przyprowadzono skromnego, cichego człowieka. Jest oskarżony o popełnienie przestępstwa. Nikt dokładnie nie wie, jakiego przestępstwa, nawet sędzia nie jest tego pewien. Aczkolwiek wie, że przeciwko temu człowiekowi wniesiono wiele różnych zarzutów i skarg. Sędzia stara się wszystko uporządkować. Sprawiedliwość musi zwyciężyć!

Podczas procesu kilka osób zgłasza się, aby opowiedzieć kłamstwa o oskarżonym, który wydaje się szczególnie cichy i spokojny podczas tego trudnego doświadczenia. Wodzi po sali smutnymi, ale przyjaznymi oczami tylko po to, by na ułamek sekundy zatrzymać wzrok na niektórych ze swoich rodaków. Spoglądają na niego z nienawiścią
i plują w jego kierunku, jakby chcieli uciszyć jego życzliwość. Oczywiste jest, że niektórzy oskarżyciele,

z jakiegokolwiek powodu, próbują znaleźć przeciwko niemu fałszywe dowody.

Dla postronnego obserwatora wygląda na to, że prawda nie ma znaczenia, ludzie obecni na sali sądowej chcą tylko jego potępienia. Wściekły tłum staje się wzburzony i nakłania sędziego do uznania tego człowieka winnym. Nie trzeba długo czekać, by zaczęli krzyczeć: „Zabić go!". Im głośniej krzyczą, tym spokojniejsza staje się cisza otaczająca młodego mężczyznę. Sędzia zaczyna czuć się nieswojo i przekonuje oskarżonego, by sam zabrał głos. Kiedy to się w końcu dzieje, słowa z pełną siłą jego duszę przenikają i zaskakują go. Nie dlatego, że ten człowiek przemówił donośnym głosem lub wygłosił wspaniałą mowę, ale z powodu głębi i duchowego znaczenia jego cicho wypowiedzianego zeznania:

Ja się narodziłem i na to przyszedłem na świat, aby dać świadectwo prawdzie (Ewangelia św. Jana 18:37).

Sędzia w tym momencie zaczyna się bardzo denerwować. Dlaczegóż to ludzie chcieliby potępić człowieka, który przyszedł, aby mówić o prawdzie? Jakie przestępstwo popełnił? Czy prawda była czymś, czego tłum nie chciał usłyszeć?

Prawdopodobnie rozpoznałeś tę scenę. Jest to historyczny proces Prawdy przeciwko Kłamstwu, który miał miejsce około dwa tysiące lat temu, kiedy Jezus stanął przed rzymskim gubernatorem Piłatem. Stało się to, gdy religijny establishment oskarżył Jezusa o głoszenie, że jest Synem Bożym.

Taka prawda była zbyt trudna, żeby ją usłyszeć i zbyt trudna do zniesienia. Dla nich Bóg Izraela był Jeden, nie miał Syna równego Sobie. Takie twierdzenie byłoby uznane za bluźnierstwo. Owszem, prorok Izajasz mówił o dziecku, które miało przyjść, o synu, który miał być dany, który miał być ich władcą, ich Mesjaszem. Miał być nazwany Cudownym Doradcą, Potężnym Bogiem, Wiecznym Ojcem, Księciem Pokoju. Ale to było proroctwo, które miało się dopiero wypełnić dla całego Izraela i z pewnością nie miało zastosowania do tego pokornego i pobitego człowieka stojącego przed nimi.

W pewnym sensie mogę zrozumieć ich początkowy szok, gdy zdali sobie sprawę, że ten znany rabin nazywał Boga swoim Ojcem. Pomyślmy o tym - niektórzy z nich dorastali w otoczeniu Jezusa i Jego rodziny. Prawdopodobnie zamawiali jakieś meble lub narzędzia w warsztacie stolarskim Jego ojca, a później pozwolili Mu nauczać w swoich synagogach. Pismo Święte potwierdza, że był On popularnym mówcą i nauczycielem, chwalonym przez wszystkich:

On sam nauczał w ich synagogach, sławiony przez wszystkich (Ewangelia św. Łukasza 4:15).

Czym innym jest bycie chwalonym i popularnym, a czym innym głoszenie, że sam Bóg posłał cię, abyś głosił Dobrą Nowinę. Stwierdzenie to wywołało poruszenie wśród przywódców religijnych, którzy w końcu z zazdrości wpadli w furię. Mieli przed sobą szaleńca, religijnego dziwaka i ekstremistę. Musieli chronić swój naród przed tym człowiekiem, jego słowami i czynami. W końcu ten Jezus nawoływał do rewolucji, co po prostu oznaczało, że stracą swoje audytorium. W pewnym sensie wzięli udział w religijnym współzawodnictwie i zaczęli zdawać sobie sprawę, że ponoszą sromotną porażkę.

Tedy mówili faryzeusze między sobą: Widzicie, że nic nie wskóracie, oto cały świat poszedł za nim (Ewangelia św. Jana 12:19).

Świadomość, że tracą władzę na rzecz tego młodego człowieka, który odmówił przyłączenia się do jakiejkolwiek z ich religijnych gier, była druzgocąca. Patrząc wstecz na wydarzenia, oczywiste jest, że całe to śledztwo przeciwko Jezusowi od samego początku było oszustwem.

Na długo przed tym, jak przywódcy religijni zaciągnęli Go przed oblicze Piłata, uknuli już spisek mający na celu zabicie Go, prawdopodobnie w wyniku zazdrości, którą właśnie opisałam. Musieli tylko znaleźć kogoś, kto chciałby Go zabić, ponieważ ich prawo zabraniało im wydawania kogokolwiek na śmierć (Ewangelia św. Jana 18:31). Byli nie tylko zazdrośni, ale również urażeni, ponieważ Jezus złamał niektóre z ich praw, na przykład gdy uzdrowił człowieka w szabat. Przywoływali Go do porządku, ale Jezus wyjaśnił im, że Jego niebiański Ojciec zawsze pracuje i że On również pragnie to czynić. Przywódcy religijni byli wściekli (Ewangelia św. Jana 5:18),

Dlatego też Żydzi tym usilniej starali się o to, aby go zabić, bo nie tylko łamał sabat, lecz także Boga nazywał własnym Ojcem, i siebie czynił równym Bogu.

Stało się to na samym początku służby Jezusa i już wtedy byli zdeterminowani, by Go zabić. Nie miało nawet znaczenia, że musieli wymyślić fałszywe dowody, byle tylko udało im się Go uciszyć. Prawda nie miała znaczenia, prawda musiała umrzeć! Kiedy w końcu do tego doszło, Piłat wypowiedział jedno z najbardziej rozpaczliwych pytań ludzkości, jakie kiedykolwiek zadano do dnia dzisiejszego: a czym jest prawda?

A czym jest prawda? Pytanie Piłata wciąż powraca w naszych salach sądowych. Pytanie Piłata wciąż jest obecne w życiu milionów ludzi. Jezus przed Piłatem, czyli Prawda kontra Kłamstwo, to najważniejsza rozprawa
w historii ludzkości. Powtarza się każdego dnia, dla nas wszystkich, ponieważ dokonujemy wyborów w oparciu

o to, co uważamy za prawdę. Kupujemy, sprzedajemy, żenimy się, głosujemy, dokonujemy wyborów i decydujemy w oparciu o to, co uważamy za słuszne. Jednak po cichu zastanawiamy się: a co, jeśli się mylę, skąd mam mieć pewność, że mam właściwe informacje, skąd mam wiedzieć, czy podjąłem najlepszą decyzję?

Często, jeśli nie zawsze, wiadomości, fakty, historie i obietnice, które otrzymujemy, zostały przefiltrowane i zmienione, tak jak w przypadku Piłata. Bardzo trudno było mu podjąć właściwą decyzję, ponieważ tak wiele głosów starało się do niego dotrzeć. Cóż, od tych wydarzeń minęło trochę czasu i ta historia została zapisana, ale rzeczy niewiele się zmieniły.

W dzisiejszych czasach jesteśmy nieustannie bombardowani głosami i opiniami. Książki, telewizja, gazety, filmy, internet - wszyscy walczą o naszą uwagę i nasz głos! Żyjemy w erze informacji i wszystko i wszyscy wokół namawiają nas do zakupu ich przekazu, produktu lub opinii. Oglądamy, czytamy, słuchamy i próbujemy odnaleźć się wśród obrazów, głosów i nagłówków, które gorączkowo próbują przeniknąć do naszych umysłów i rządzić naszym życiem, a każdy z nich twierdzi, że jest prawdziwy i wiarygodny.

W rezultacie otrzymujemy swego rodzaju prawdę, która zmienia się wraz z porami roku i modami i może być bardzo myląca. Prawda stała się raczej mało precyzyjna w naszym społeczeństwie. Nie jest już solidną skałą, na której możemy się oprzeć.

Prawda stała się zmiennym przekonaniem. Na przykład, kiedyś powiedziano nam, że mleko jest dla nas dobre i naprawdę w to uwierzyliśmy. Kilka lat później, w imię nauki, trzeba było unikać nabiału, aby zachować zdrowie i znów wielu ludzi w to uwierzyło. Możliwe, że za kilka lat, po wielu badaniach i w wyniku nowych osiągnięć, nabiał znów stanie się niezbędnym składnikiem zdrowej diety. Zatem jaka jest prawda?

To tylko bardzo prosty przykład, jeden z wielu, które na co dzień są naszym udziałem. Uznajemy coś za prawdziwe na podstawie tego, co mówią o tym inni. W razie wątpliwości kierujemy się intuicją: jeśli czujemy się dobrze, to musi to być dobre i może być prawdziwe.

Tak więc z czasem stworzyliśmy własne prawdy, których używamy dla swoich osobistych korzyści, na przykład w celu sprzedaży produktu lub pomysłu, usprawiedliwienia zachowania lub sprawienia, by coś brzmiało dobrze. Mówimy rzeczy takie jak „skoro wszyscy to robią, to nie może być to złe", „nie jest to sprzeczne z prawem, więc możemy spróbować" i „to się sprawdziło u mnie, dlaczego nie spróbujesz?". W ten sposób przyczyniamy się do tego, że prawda staje się jeszcze bardziej nieokreślona i zmienna.

Ale w głębi duszy wierzę, że prawdopodobnie wszyscy możemy odnieść się do rozpaczliwego pytania Piłata „a czym jest prawda?". Jest to podstawowe pytanie stojące za każdą podejmowaną przez nas decyzją, a jeśli prawda zmienia się z dnia na dzień, nasze decyzje są niczym więcej niż reakcjami kierowanymi instynktami i uczuciami.

Przyjaciele dzisiaj - wrogowie jutro, szczęśliwi małżonkowie w tym roku - rozgoryczeni rozwodnicy w następnym. Podążamy w górę i w dół z prądem sezonu i trendów w modzie i nie trzeba dodawać, że powoduje to, że jesteśmy bardzo niespokojni. Brak solidnego gruntu, na którym moglibyśmy stanąć, brak kotwicy, której moglibyśmy się trzymać. Ten niepokój ogarnął całe nasze społeczeństwo i powoduje wiele nierównowagi. Dostrzegam to wokół siebie, gdziekolwiek jestem. Ludzie są niepewni swojej edukacji, przyszłości, małżeństwa, tożsamości, a nawet wiary.

Wierzę, że społeczeństwo będzie zagrożone stopniowym upadkiem, gdy zdecyduje się porzucić Boże standardy moralne. Na początku może to wyglądać wyzwalająco i ekscytująco, oczywiście dopóki nie spadnie się na bruk. Bez względu na to, jak bardzo promowana jest niezależność, wolność, a czasem całkowita anarchia, więcej ludzi niż kiedykolwiek wcześniej rozpaczliwie woła o prawdę, o czynnik stabilizujący w ciągle zmieniającym się, niespokojnym świecie.

Prawda złagodziłaby nasze zmartwienia, uleczyłaby nasz ból i wniosłaby równowagę i spokój do naszego zwariowanego życia. Dlatego chciałabym przyjąć Prawdę przez duże P jako podstawę tej książki, ponieważ jest ona odpowiedzią dla świata, który rozpaczliwie potrzebuje kierunku. Stanowi to również praktyczne zastosowanie dziewiątego przykazania.

Na początku myślałam, że napisanie o dziewiątym przykazaniu zapisanym w Drugiej Księdze Mojżeszowej 20:16, „nie mów fałszywego świadectwa przeciw bliźniemu swemu", będzie łatwym zadaniem. Książka miałaby rozmiar magnesu na lodówkę. Wyobrażałam sobie, że będzie wyglądać tak: „Hej ludzie, nie kłamcie, dobrze?". Czyż nie byłaby to świetna kampania w poszukiwaniu prawdy? Mogłabym wydać rozkaz wyprodukowania miliona sztuk i rozprowadzić je w szkołach, kościołach, supermarketach, kinach i firmach. Świetny pomysł i mógłby się sprawdzić w przypadku niektórych osób. Niemniej jednak wątpię, czy taka kampania przyniosłaby ogólnie pozytywny rezultat, ponieważ mówienie ludziom, czego nie robić, spowoduje, że będą się buntować albo przyjmą bierną postawę.

Z jednej strony ludzi, którzy opierają się Bogu, ponieważ postrzegają Go jako Boga, który mówi im tylko to, czego nie mogą robić. Z drugiej strony ludzi, którzy są nieaktywni, ponieważ boją się popełnić błąd.

Nie, pomysł z magnesem na lodówkę to niewłaściwy sposób podejścia do tego tematu. Po prostu dlatego, że w tej serii książek nie chodzi o to, czego mamy nie robić, ale raczej o to, co możemy zrobić! Zamiast skupiać się na tym, czego Prawo nam zabrania, chcemy skupić się na tym, co Duch Święty pragnie przez nas czynić. Innymi słowy, będziemy musieli praktycznie zastosować duchową zasadę stojącą za dziewiątym przykazaniem w naszych obecnych czasach i obecnym myśleniu.

Pozwolę sobie to wyjaśnić. Dziewiąte przykazanie mówi „nie mów fałszywego świadectwa przeciw bliźniemu swemu". Bardzo trudno byłoby przez cały dzień skupiać się tylko na tym, że nie powinniśmy mówić nic fałszywego przeciwko komukolwiek. Byłby to frustrujący sposób na życie. Spójrzmy prawdzie w oczy, nie jest dobrze skupiać się na negatywnych stwierdzeniach. To byłoby to samo, co chodzenie przez cały dzień i mówienie „nie mogę palić" lub „nie mogę jeść ciastek". Skupianie się na tym, czego nie możemy zrobić, przynosi odwrotny skutek; aktywuje nasze pragnienie, po prostu dlatego, że poświęcamy temu całą naszą uwagę. Każdy, kto kiedykolwiek próbował w ten sposób rzucić złe nawyki, wie, jakie to może być trudne i frustrujące. Dlatego w tej serii książek chcemy skupić się na pozytywnych rzeczach, które możemy zrobić, aby podobać się Bogu! Biblia mówi w Liście do Efezjan 5:10:

Dochodźcie tego, co jest miłe Panu.

Potrzeba czasu i wysiłku, aby dowiedzieć się więcej o Bogu i trybie życia, jakie możemy prowadzić, aby Mu się podobać. Czy to samo nie dotyczy naszych relacji i przyjaźni? Musimy spędzać razem czas, robić różne rzeczy, rozmawiać, słuchać i zadawać pytania, jeśli chcemy lepiej poznać naszego przyjaciela, współmałżonka lub sąsiada. Budowanie zdrowych relacji wymaga czasu i wysiłku. O ile więcej wysiłku powinniśmy włożyć w pracę nad naszą relacją z Bogiem. Nie musimy zdobywać Jego miłości; Bóg nas KOCHA! Ale z biblijnego punktu widzenia dobrze jest dowiedzieć się, co sprawia Mu przyjemność.

Wierzę, że Biblia zawiera odpowiedzi na problemy, z którymi borykamy się na co dzień. Nie jest to nudna i staromodna książka, za jaką niektórzy ją uważają. To księga prawdy i musimy ją odkurzyć. Skupmy się na niej. Spójrzmy na Słowo Boże z innej perspektywy, perspektywy, którą pokazuje nam Jezus. On był rabinem, znał Prawo. Był jednak pełen łaski i prawdy:

A Słowo ciałem się stało i zamieszkało wśród nas. (Ewangelia św. Jana 1:14a).

Zastanów się nad następującymi kwestiami:

- *W jaki sposób dokonuję codziennych wyborów? Czy opierają się one na impulsie, uczuciach, opinii innych ludzi, czy na czymś innym?*

- *Jaka jest moja definicja prawdy?*

- *Czy staram się podobać Bogu? Jeśli tak, to w jaki sposób?*

Zapisz swoje myśli:

2

Miłość i prawo

Albowiem cały zakon streszcza się w tym jednym słowie, mianowicie w tym: Będziesz miłował bliźniego swego, jak siebie samego.

List św. Pawła do Galacjan 5:14

Niezależnie od tego, czy dorastaliśmy w chrześcijańskiej rodzinie, czy nie, większość ludzi ma pewne spojrzenie na chrześcijaństwo, Boga i Biblię. Patrzymy na wszystko przez pryzmat naszego wychowania, denominacji religijnej, przeczytanych książek, zdobytego wykształcenia i własnych doświadczeń.

Jezus pokazał ludziom ówcześnie żyjącym jak zmienić ich postrzeganie Słowa Bożego, które było przekazywane przez wieki. W piątym rozdziale Ewangelii Mateusza Jezus wiele razy powtarza: „Słyszeliście, że tak powiedziano", a następnie cytuje Prawo. Ludzie musieli kiwać głowami; wiedzieli, co mówi Prawo. Następnie Jezus zachęca ludzi do zastanowienia się nad swoim dotychczasowym zachowaniem i wypowiada następujące słowa: „lecz teraz powiadam wam". Następnie daje im odwróconą do góry nogami, własną, radykalną wersję

Prawa, nowe prawo miłości. To prawo miłości jest czasami nazywane prawem Chrystusa, na przykład w Liście do Galacjan 6:2:

Jedni drugich brzemiona noście, a tak wypełnicie zakon Chrystusowy.

Chciałabym podkreślić, że Jezus nie powiedział, że Prawo, jakie znali, już nie istnieje. Wierzę, że pokazał im nowy sposób patrzenia na nie.

Jezus powiedział tłumom, które zgromadziły się tego dnia wokół Niego, że przykazanie, by nie cudzołożyć, powinno prawdziwie zakorzenić się w sercu człowieka. Powiedział im, że każdy, kto nawet spojrzy na kobietę z pożądaniem, będzie winny popełnienia cudzołóstwa. Cóż, to czyniło większość obecnych tam mężczyzn winnymi łamania tego prawa! I to było dokładnie to, co Jezus chciał powiedzieć. Wszyscy jesteśmy winni, więc wszyscy potrzebujemy Zbawiciela. Gdy tamtego dnia Jezus przemówił do tłumów, pokazał im, że posłuszeństwo Bogu nie jest już kwestią przestrzegania pewnych zapisanych praw, ale kwestią przemiany serca. Jego sposób wyjaśniania tych rzeczy zdumiewał ludzi! W Ewangelii św. Mateusza 7:28 czytamy:

A gdy Jezus dokończył tych słów, zdumiewały się tłumy nad nauką jego.

Dziś nadal możemy być zdumieni Jego nauczaniem! Być może zawsze myślałeś, że Dziesięć Przykazań jest staromodne i przestarzałe, co tak naprawdę jest błędnym spostrzeżeniem. Jak bowiem Słowo Boże może stracić swoją moc? Jego Słowo jest żywe i zawsze dokładne. Ono nie ma daty ważności!

Oczywiście przyjście Jezusa Chrystusa na ziemię zmieniło kilka naprawdę ważnych rzeczy. Kiedy umarł na   krzyżu
i został wzbudzony z martwych dla przebaczenia naszych grzechów i uzdrowienia naszych chorób, testament (wola) został otwarty i ogłoszono nowe przymierze, przepowiedziane przez proroków. WSZYSCY ludzie stali się spadkobiercami obietnicy, nie tylko naród żydowski. To w skrócie dobra nowina. Tora (nauczanie) wypełniła się w życiu Jezusa. Czy to był koniec Starego Testamentu? Czy Nowy Testament zastąpił Stary Testament?

Czy możemy go dziś wyrwać z naszych Biblii? Oczywiście, że nie! Całe Pismo Święte zostało dane dla naszej korzyści. Na przykład studiując Jego postępowanie z Izraelitami, możemy dowiedzieć się wiele o charakterze Boga. Czytając Stary Testament, możemy wiele się nauczyć o historii Bliskiego Wschodu. Możemy odkryć żydowskie korzenie wiary chrześcijańskiej
w starożytnych pismach, i tak dalej, i tak dalej.

Mając to na uwadze, Jezus nie tylko zachęcał ludzi swoich czasów do wypełniania starych nauk, ale nadal zachęca do tego każdego wierzącego. Jest to stale aktualne. Jesteśmy powołani do ożywiania zapisanego Słowa poprzez praktykowanie go. Jesteśmy powołani, aby być wykonawcami Słowa, a nie tylko słuchaczami (lub czytelnikami). W jaki sposób? W Ewangelii św. Mateusza 7:12 Jezus wyjaśnia ten nowy sposób wprowadzania Prawa w nasze codzienne życie w następujący sposób:

A więc wszystko, cobyście chcieli, aby wam ludzie czynili, to i wy im czyńcie; taki bowiem jest zakon i prorocy.

Jest to zupełnie inne podejście niż to, które przywódcy religijni i oddani wierzący przyjmowali przez wieki: mówienie innym ludziom, co mogą, a czego nie mogą robić. Podejście to mówi, że powinniśmy traktować innych tak, jak sami chcemy być traktowani, ponieważ *taki* jest sens Prawa!

Takie jest prawdziwe znaczenie Dziesięciu Przykazań. Być może nigdy nie patrzyłeś na nie z punktu widzenia Jezusa. Często wyobrażamy je sobie jako dwie kamienne tablice, które otrzymał Mojżesz, co oczywiście jest wspaniałym obrazem. Jednak po tym, jak Bóg napisał dziesięć przykazań na kamiennych tablicach swoim palcem, ludzie łamali je każdego dnia. Przestrzeganie ich nie przychodziło im łatwo.

Dziś Prawo nie jest już zapisane na kamiennych tablicach, ale w sercu każdego wierzącego:

Takie zaś jest przymierze, jakie zawrę z nimi. Po upływie owych dni, mówi Pan: Prawa moje włożę w ich serca i na umysłach ich wypiszę je. (List do Hebrajczyków 10:16).

To wspaniała obietnica, Boże prawa są w naszych sercach i umysłach. Jego prawa są w nas, są częścią naszej istoty. Kiedy jednak realistycznie spojrzymy na nasze życie, zobaczymy, że życie zgodnie z tym, co On w nas umieścił, zgodnie z tą nową naturą, nie przychodzi nam łatwo. Być może powinno to przychodzić naturalnie, ale fakty są takie, że tak nie jest. Wystarczy uczciwie spojrzeć na własne życie i otaczający nas świat. Czy żyjemy
w doskonałej harmonii z wolą Bożą? Czy jesteśmy automatycznie posłuszni Jego Słowu za każdym razem, gdy myślimy, mówimy lub działamy? Nie, wciąż potrzebujemy przewodnictwa.

Duch Święty i Słowo Boże są po to, by nas uczyć. Wielu ludzi wierzy dziś, że ich życie będzie na zawsze dobre, gdy otrzymają Bożą łaskę i miłość. Biblia jednak wyraźnie naucza o procesie przemiany, który zaczyna się od jednego kroku. Jestem świadkiem tego procesu transformacji w moim własnym życiu, ale także w życiu wielu mężczyzn i kobiet, których spotykam podczas naszych podróży.

Razem z mężem jesteśmy założycielami organizacji non-profit, która wspiera i promuje programy resocjalizacyjne w całej Europie i na Bliskim Wschodzie. Programy te przyjmują mężczyzn i kobiety, którzy mają problemy z różnego rodzaju uzależnieniami, takimi jak uzależnienie od alkoholu i narkotyków. Czasami przez wiele lat żyli oni na ulicy lub w więzieniu. Kiedy oddają swoje życie Jezusowi Chrystusowi, stają się nowymi stworzeniami. Jest to naprawdę największy cud, jakiego można doświadczyć i nigdy nie znudzi nam się słuchanie ich świadectw.

Dlaczego byli narkomani potrzebują miesięcy nauczania i szkolenia, aby odnowić swój umysł? No cóż, ponieważ nawet jeśli ich duch został odnowiony, ich dusza jest wciąż taka sama ze wszystkimi zranieniami, nawykami i ograniczeniami ze starego życia. Potrzeba czasu, by uzdrowić, odnowić, wybaczyć, zaakceptować i pokochać samego siebie. Oczywiście ten proces transformacji i uświęcenia nie jest potrzebny tylko wtedy, kiedy ktoś był uzależniony, bezdomny lub przestępcą.

Dotyczy to nas wszystkich, bez względu na to, skąd pochodzimy. Każda osoba ma swoją historię do opowiedzenia i blizny, które wymagają uleczenia.

W Liście do Kolosan 3:9-10 Apostoł Paweł wyjaśnia, że życie według nowej natury jest procesem ciągłym:

Nie okłamujcie się nawzajem, skoro zewlekliście z siebie starego człowieka wraz z uczynkami jego, a przyoblekli nowego, który się odnawia ustawicznie ku poznaniu na obraz tego, który go stworzył.

Musimy celowo *zdjąć* z siebie stare „ja" i *przywdziać* nowe „ja". Nie przychodzi to automatycznie, ponieważ wierzymy w Jezusa, chociaż to On nieustannie odnawia nas na swoje podobieństwo. Tak, duchowo jesteśmy nową istotą, nowym stworzeniem dzięki łasce Bożej. Ale naturalnie, jeśli chodzi o „siebie", musimy zdjąć to, co stare i założyć to, co nowe, niezależnie od tego, czy jesteśmy byłymi narkomanami, czy nie. Dotyczy to wszystkich.

Zgodnie ze wspomnianymi powyżej słowami Pawła w Piśmie Świętym, usunięcie starego „ja" oznacza, że przestajemy okłamywać się nawzajem (nie rób tego). A po tym powinno nastąpić przywdzianie nowego „ja", co oznacza, że mówimy prawdę (raczej rób to) co jest dokładnie tematem tej książki. Wiem, że ta książka pomoże spojrzeć na sprawy z właściwej perspektywy, odpowiedniej do czasów, w których obecnie żyjemy, nie pomijając przy tym żadnej części Pisma Świętego.

To już szósta książka z serii Dziesięć Przykazań. Poprzednie książki omawiały wiele różnych tematów:

nasze społeczeństwo funkcjonujące 24/7, życie rodzinne, sprawy finansowe, grzeszne pragnienia, a nawet aborcję. Wplatając przykazania w nasze codzienne życie w XXI wieku, mają one o wiele więcej sensu niż obraz z kamiennych tablic lub drukowana wersja w starożytnych językach. Zajmujemy się tymi kwestiami każdego dnia! Kluczem jest spojrzenie na stare nauki z wiedzą i zrozumieniem, które mamy teraz.

Apostoł Paweł rozumiał to jak nikt inny. Był uczonym, nauczycielem Prawa, faryzeuszem. Mogę śmiało powiedzieć, że znał Prawo, ale znał też łaskę jak nikt inny. Doświadczył jej na własnej skórze, gdy upadł na ziemię
w drodze do Damaszku i spotkał Jezusa, który zapytał go, dlaczego Go prześladuje. W swojej gorliwości Paweł fanatycznie prześladował naśladowców Jezusa, ludzi Drogi. Nowej drogi miłości... Ale Bóg okazał mu łaskę. W Liście do Rzymian Paweł dochodzi do punktu, w którym pisze:

Nikomu nic winni nie bądźcie prócz miłości wzajemnej; kto bowiem miłuje bliźniego, zakon wypełnił (List św. Pawła do Rzymian 13:8).

Ujął to w jednym zdaniu. Miłość jest odpowiedzią na wszystkie wymagania Prawa. Miłość do Boga i miłość do bliźniego. Dalej (werset 10) pisze zdanie, które wykorzystałam jako podstawę tej serii książek:

Miłość bliźniemu złego nie wyrządza; wypełnieniem więc zakonu jest miłość.

Lub, jak jest to ujęte w innych tłumaczeniach: miłość jest przestrzeganiem Prawa. Przyjrzymy się bliżej temu stwierdzeniu w następnym rozdziale. W tej chwili liczy się to, że cenimy Słowo Boże jako całość, że jesteśmy gotowi spojrzeć świeżym okiem na Jego przykazania i że spodziewamy się dowiedzieć o Nim więcej. Bóg nie zmienia ani nie usuwa fragmentów swojego Słowa i my również nie powinniśmy tego robić. Spróbuj spojrzeć świeżym okiem na stare nauki i przekonać się samemu, czy słowa ożywają, czy nie.

W tej książce zobaczymy, że Nowy Testament przenosi dziewiąte przykazanie na wyższy poziom, jak możemy przeczytać w Liście św. Pawła do Efezjan 4:25:

Przeto, odrzuciwszy kłamstwo, mówcie prawdę, każdy z bliźnim swoim...

W tym tkwi sedno sprawy! To jest właśnie prawo Chrystusa, nowa droga miłości. Jedną rzeczą jest powiedzieć, że nigdy nie będziemy nikogo fałszywie oskarżać, ale to jest po prostu przestrzeganie Prawa. Ale potem musimy zrobić krok naprzód, jeśli chcemy wypełnić (lub zastosować) Prawo w miłości. Nie chodzi już o to, czego nie możemy lub nie powinniśmy robić, ale o to, co Duch Boży chce przez nas uczynić. Zamiast powstrzymywać się od fałszywych oskarżeń, musimy nauczyć się mówić prawdę. To jest wyższy poziom, nowa droga Ducha.

Musimy nauczyć się patrzeć na Boże przykazania z innej perspektywy. Zamiast postrzegać je jako zbiór zasad, których trudno przestrzegać, powinniśmy postarać się zobaczyć je w świetle naszej przemiany na podobieństwo Jezusa. Zamiast mówić „cóż, wygląda na to, że lepiej będzie trzymać gębę na kłódkę" w obawie, że wydostanie się z niej coś złego, powinniśmy być otwarci na uczenie się, jak być przepełnionym prawdą. Mówienie prawdy musi stać się naszą nową naturą, rezultatem i owocem naszej przemiany. Takie życie nie ma nic wspólnego z przestrzeganiem zestawu zasad. Takie życie to podążanie za pragnieniem naszego serca, by podobać się Bogu.

Zanim przyjrzymy się bliżej rozprawie sądowej Prawda kontra Kłamstwo, zacznijmy od małego ćwiczenia, aby nasz umysł zaczął pracować nad tym tematem. Spróbuj zdefiniować *Prawdę* w kilku słowach. Weź kartkę papieru i zapisz to. Niech twój umysł i serce popracują i poważnie zastanów się nad następującymi pytaniami. Czym jest prawda dla mnie osobiście? Gdzie ją znajduję, czy widzę ją w czymś lub w kimś? Czy jest to definicja, stwierdzenie, styl życia, kwestia sumienia, czy tylko przeciwieństwo fałszu? Skąd czerpię poczucie prawdy? Czy zawsze mówię prawdę? To, do czego naprawdę zmierzam, to: czy jesteśmy w stanie odpowiedzieć na pytanie Piłata?

Zachowaj swoje odpowiedzi gdzieś pod ręką i sprawdź je ponownie po przeczytaniu tej książki. Odważ się sprawdzić, czy twoja „prawda" jest wciąż taka sama.

Zastanów się nad następującymi kwestiami:

- *Co myślę na temat Dziesięciu Przykazań?*

- *Kochać to być posłusznym całemu Prawu. Co mogę zrobić, żeby było to praktyczne?*

- *Jak mogę zdecydować, czy to, co ktoś mówi, jest prawdą?*

Zapisz swoje przemyślenia:

3

Między zasadami a wolnością

Jeśli wytrwacie w słowie moim, prawdziwie uczniami moimi będziecie i poznacie prawdę, a prawda was wyzwoli

Ewangelia św. Jana 8:31-32

Zanim napiszę kolejne słowo na temat dziewiątego przykazania, chcę się upewnić, że wspomnę - tak jak to zrobiłam we wszystkich poprzednich książkach - że jedynym sposobem, aby stanąć bezpośrednio przed wszechmogącym Bogiem, jest Jego łaska i nasza wiara w Jego Syna Jezusa Chrystusa.

Nie możemy zrobić nic, aby zasłużyć na zdrową relację i życie wieczne z Bogiem. To jest dar. Na dar nie można zasłużyć, można go tylko otrzymać! Zdrowa relacja z naszym Stwórcą opiera się na Jego łasce i naszej wierze i nigdy nie powinna być napędzana wstydem, poczuciem winy lub religią. Przestrzeganie przykazań niekoniecznie przybliży nas do Boga i z pewnością nie da nam życia wiecznego; tylko wiara w Jezusa może to uczynić. Nawet mówienie prawdy przez cały czas nie wystarczyłoby, aby uzyskać dostęp do Boga. Jezus Chrystus jest jedyną drogą do Ojca Niebieskiego. Jezus wyjaśnił to jasno w Ewangelii św. Jana 14:6:

Ja jestem droga i prawda, i żywot, nikt nie przychodzi do Ojca, tylko przeze mnie.

Nie pozostawia nam to wielkiego wyboru. Tak, wiem, że ludzie próbowali i nadal próbują znaleźć inne sposoby na nawiązanie relacji z Bogiem, ale Biblia mówi jasno: nie ma innej drogi! Zdaję sobie sprawę, że może to być obraźliwe, a także rozczarowujące dla wielu ludzi, którzy próbują znaleźć własny wygodny sposób na nawiązanie relacji z Bogiem Wszechświata.

Uprośćmy to. Możemy przytulać się do drzewa, nosić drogocenne kamienie na szyi, próbować poszukiwać naszego wewnętrznego ja poprzez medytację lub praktykować jakikolwiek inny rytuał religijny, ale nie doprowadzi to nas do intymnej relacji z Bogiem. Praktyki te mogą na krótko wywołać dobre samopoczucie lub przynieść pewną formę oświecenia, ale nigdy, przenigdy nie odpowiedzą na nasze życiowe pytania i z pewnością nie doprowadzą do przebaczenia grzechów. Można zadać pytanie: skoro tylko wiara w Jezusa i Jego oferta przebaczenia może dać nam dostęp do Boga, to po co studiować Dziesięć Przykazań? Co to wnosi do relacji z Bogiem?

Cóż, Jezus bardzo dużo mówił o Prawie, a słuchając Go, będziemy się od Niego uczyć. Jezus powiedział, że miłość do Boga i miłość bliźniego jest sensem Prawa i proroków. Dlatego życie w miłości jest realizacją przykazań. Prowadzenie lepszego i bardziej pobożnego życia tutaj na ziemi rozprzestrzeni Jego miłość i zbuduje lepsze społeczeństwo. Wszystkie te rzeczy są miłe Bogu. On kocha tę ziemię i kocha ludzi, którzy ją zamieszkują. Bożym pragnieniem jest, byśmy cieszyli się życiem i żyli w harmonii z Nim i ze sobą nawzajem! To jest droga miłości. Zaczyna się od tego, że Bóg kocha nas pierwszy (łaska), a my odpowiadamy na Jego miłość (wiara), wierząc w sercu i wyznając ustami, że Jezus jest Panem (List św. Pawła do Rzymian 10:9-10):

Bo jeżeli ustami swoimi wyznasz, że Jezus jest Panem, i uwierzysz w sercu swoim, że Bóg wzbudził go z martwych, zbawiony będziesz. Albowiem sercem wierzy się ku usprawiedliwieniu, a ustami wyznaje się ku zbawieniu.

Jestem produktem Bożej miłości i łaski. I postrzegam pisanie z pasją i entuzjazmem o Jego Prawie (Torze lub nauczaniu) jako ogromny przywilej. Modlę się, aby Duch Święty, poprzez moje pisanie, uwolnił cię całkowicie od z góry przyjętych idei, błędnych doktryn i zniekształconych poglądów na temat Biblii. Tak wielu chrześcijan usilnie stara się osiągnąć zdrową równowagę między czytaniem Starego i Nowego Testamentu, między prawem a łaską, między zasadami a wolnością, co często skutkuje bardzo skrajnymi ideami i interpretacjami.

Moim celem jest niesienie zdrowego i zrównoważonego przesłania, które zwiększy radość w życiu każdego wierzącego i uwielbi Boga.

Oczywiście zdaję sobie sprawę, że nie jest łatwo pisać o Bożym Prawie, o Dziesięciu Przykazaniach, ze świeżej perspektywy w czasach, w których łaska została wywyższona ponad wszystko inne, nawet ponad Słowo Boże. Popularnym stwierdzeniem, które można usłyszeć w wielu domach, kościołach i nauczaniu, jest: „To wszystko jest łaską!". Cóż, jeśli wszystko to jest łaską, to po co nam wiara? Albo jakie znaczenie ma miłość czy prawda? Jeśli to wszystko jest łaską, to nie ma nic więcej do nauczenia się, nie ma uświęcenia, nie ma wzrostu, nie ma cierpienia, nie ma posłuszeństwa.

Nie zrozum mnie źle, łaska Boża została wylana na ten świat i jest dostępna dla każdego człowieka na ziemi. Alleluja! Ale musimy odpowiedzieć na Jego pełne miłości wezwanie z wiarą w Jego Syna i posłuszeństwem Jego naukom. Bez wiary nie możemy się nawet podobać Bogu. Każda moneta ma dwie strony. Łaska jest wspaniała, ale nie przenosi gór. Wiara jest potężna, ale bez miłości jest bezużyteczna. Prawda jest niezbędna, ale musi być zrównoważona mądrością. Miłość nigdy nie zawodzi, ale czasami boli. Musimy być ostrożni, by nie oddzielać ich od siebie. Wszystkie one są częścią Bożego charakteru,
a tym samym owocem, który Jego Duch Święty będzie

w nas wydawał. Modlę się więc, abyś mógł przeczytać tę serię książek z otwartym i przyjmującym sercem oraz szczerą miłością do Słowa Bożego.

Oparłam tę serię na kilku ważnych wersetach. Przede wszystkim na słowach Jezusa z Ewangelii św. Mateusza 5:17, gdzie nauczał o Prawie i powiedział:

Nie mniemajcie, że przyszedłem rozwiązać zakon albo proroków; nie przyszedłem rozwiązać, lecz wypełnić.

Jeśli Jezus nie przyszedł, aby znieść Prawo, dlaczego mielibyśmy myśleć, że my możemy to zrobić? Zaprzeczylibyśmy Jego słowom. Jako naśladowcy Jezusa jesteśmy proszeni o zrobienie tego samego: dołożenie starań, by te nauki stały się prawdą. Niektóre tłumaczenia mówią, że Jezus przyszedł wypełnić Prawo. To nie wydarzyło się tylko raz, to dzieje się do dziś przez nas! Za każdym razem, gdy wprowadzamy te nauki w życie, wypełniamy Prawo, tak jak uczynił to Jezus, który jest dla nas najlepszym przykładem.

Jak zatem wypełniamy lub stosujemy Prawo? To prowadzi nas do drugiego wersetu, na którym oparłam swoje książki: List św. Pawła do Rzymian 13:10:

Wypełnieniem więc zakonu jest miłość.

Czy Jezus był jedynym, który kiedykolwiek kochał? Nie, On zachęca nas, byśmy robili to samo. Za każdym razem, gdy działamy w miłości, wypełniamy Prawo. Sprawiamy, że te nauki stają się prawdą. To jest powtarzające się działanie. Jezus dał nam przykład. My podążamy za nim. Miłość jest kwestią serca, a nie zasad i przepisów. W tej serii książek nie chodzi o przestrzeganie Prawa, ale o jego wdrażanie w naszym codziennym życiu. Chodzi tutaj

o drogę miłości. Wielu chrześcijan twierdzi, że my, jako grzeszne istoty ludzkie, nie możemy wypełnić Prawa tak, jak uczynił to Jezus, który nie znał grzechu. Mówiąc coś takiego, zasadniczo twierdzimy, że nie jesteśmy w stanie kochać.

Dlatego miłość jest odpowiedzią. Nie miłość ludzka, ale miłość pochodząca od Boga. Miłość, którą Duch Święty chce w nas i przez nas wytworzyć:

Owocem zaś Ducha są: miłość, radość, pokój, cierpliwość, uprzejmość, dobroć, wierność, łagodność, wstrzemięźliwość. Przeciwko takim nie ma zakonu (List św. Pawła do Galacjan 5:22-23).

Ta Boża miłość ma pierwszeństwo przed Prawem. Jeśli miłość jest odpowiedzią, dlaczego wciąż ranimy się nawzajem? Dlaczego więc żyjemy w świecie pełnym kłamstw, w kraju, w którym ludzie są oskarżani w sądzie, w kościele, w mediach, a nawet w kręgach własnej rodziny? Powietrze jest wypełnione oskarżeniami (fałszywymi lub nie) przeciwko naszym bliźnim.

Czy byłam ignorantką, gdy czytając dziewiąte przykazanie pomyślałam „w końcu prosty temat"? Czy to wszystko nie sprowadza się do tego: Bóg chce, abyśmy mówili prawdę? Gdyby wszyscy przestali obwiniać innych za swoje kłopoty i po prostu mówili prawdę, gdy są o to pytani, żylibyśmy w lepszym świecie. Moglibyśmy się naprawdę nawzajem kochać.

Cóż, to może być moje myślenie życzeniowe, ale z pewnością nie odzwierciedla rzeczywistości. Teraz możesz powiedzieć: Nigdy nie oskarżyłem nikogo fałszywie, nigdy bym tego nie zrobił. Ale z drugiej strony, ta książka jest nie tyle o tym, czego nie robić, ale o tym, co możemy i powinniśmy robić! Posłuszeństwo Prawu jest drogą Starego Testamentu, wypełnianie Prawa jest nową drogą Ducha. Apostoł Paweł wyjaśnia obszernie w ósmym rozdziale Listu do Rzymian, czym jest ta nowa droga Ducha; jest to życie kontrolowane przez Bożego Świętego Ducha, a nie przez nasze własne ego. W wersecie szóstym mówi:

...zamysł Ducha, to życie i pokój.

Czyż nie tego wszyscy szukamy - życia i pokoju? To jest właśnie równowaga, której brakuje w dzisiejszym świecie: prawdziwe życie i prawdziwy pokój. Biblia mówi, że możemy je mieć, jeśli pozwolimy Duchowi nas kontrolować. Jeśli jesteśmy w stanie pozwolić Duchowi kontrolować to, co myślimy, mówimy lub robimy, zaczniemy mieć takie życie i będziemy mieć pokój. Duch Święty mieszka w każdej osobie, która wierzy w swoim sercu i wyznaje ustami, że Jezus jest Panem. Śmiało, zrób to, powiedz to, uwierz w to! Poznanie prawdy i życie nią jest z pewnością możliwe.

To prowadzi nas do trzeciego wersetu, na którym oparłam tę serię książek. Można go znaleźć w Liście św. Pawła do Rzymian 7:6:

Lecz teraz zostaliśmy uwolnieni od zakonu, gdy umarliśmy temu, przez co byliśmy opanowani, tak iż służymy
w nowości ducha, a nie według przestarzałej litery.

Czym jest ta nowa droga Ducha? Oznacza to po prostu, że nie powinniśmy już żyć zgodnie z naszą ludzką naturą, ale zgodnie z tym, czego chce Duch. A Duch Boży jest miłością i wytwarza w nas Bożą (bezwarunkową) miłość. List św. Pawła do Rzymian 5:5 mówi:

... miłość Boża rozlana jest w sercach naszych przez Ducha Świętego, który nam jest dany.

Musimy nauczyć się patrzeć na Boże przykazania z perspektywy miłości. Wielu ludzi postrzega Boże przykazania jako surowe zasady, które ograniczają ich wolność, a nie jako pełne miłości wskazówki rodzica dla dziecka. Bóg ustanowił je dla naszego dobra! On troszczy się o sposób, w jaki prowadzimy nasze życie. Troszczy się o nasze dobre samopoczucie, o stan naszych serc i dusz.

Na kartach Starego i Nowego Testamentu Bóg daje swojemu ludowi rady dotyczące rozwoju umiejętności zawodowych, relacyjnych i społecznych. Kiedy Bóg dał Mojżeszowi Dziesięć Przykazań, później szczegółowo mu je wyjaśnił. Nie wysłał Mojżesza na górę z krótką listą zakazów; rozmawiał z nim przez dłuższy czas i dokładnie go poinstruował. Wyjaśnił mu różne prawa moralne
i religijne, prawa świętości, sprawiedliwości i uczciwości. Nie powiedział tylko: bądź dobry. Wiedział, że Mojżesz zapyta Go: „ale co jest dobre?" Posiadanie wiedzy o Jego prawach nie wystarczy, potrzebujemy zrozumienia. Jak powiedziałam wcześniej, nie zapewnią nam one życia wiecznego, ale zapewnią nam lepsze życie tutaj na ziemi i powinniśmy być zainteresowani tym planem tak długo, jak tu jesteśmy.

Mając na uwadze nową drogę Ducha, spójrzmy na tłumaczenie dziewiątego przykazania. Mówi ono,

Nie mów fałszywego świadectwa przeciw bliźniemu swemu.

Mówiąc wprost, dziewiąte przykazanie jest o tym byśmy nie kłamali; ani wobec bliźniego, ani o bliźnim.

Hebrajskie słowo „bliźni" oznacza *przyjaciela, współpracownika, rodaka lub inną osobę.*

Kiedy czytamy słowa takie jak „zeznanie" lub „oskarżenie", ważne jest, aby myśleć nie tylko o sali sądowej. Musimy odnieść je do własnego życia. Za każdym razem, gdy mówimy o kimś coś, co nie jest prawdą, fałszywie oskarżamy tę osobę i kłamiemy na jej temat. Często zaczyna się to od prostych rzeczy, które mówimy, takich jak „to ona zaczęła" lub „on powiedział mi, że to w porządku" lub „ona jest taka głupia". Te stwierdzenia mogą wydawać się nieszkodliwe w rozmowie, ale przygotowują grunt pod więcej oskarżeń, większych kłamstw i niekończących się debat. Księga Przysłów 12:17 mówi:

Kto mówi prawdę, wypowiada to, co słuszne, lecz świadek fałszywy kłamie.

Mogę śmiało powiedzieć, że fałszywe oskarżenie lub fałszywe zeznanie jest po prostu kłamstwem, także poza salą sądową. Mój pomysł z magnesem na lodówkę, opisany w rozdziale pierwszym, nie był wcale taki zły, ale mija się z celem. Jeśli nie możemy kłamać, musimy zawsze mówić prawdę, prawda? Jak dojść do punktu, w którym zawsze będziemy mówić prawdę? Spójrzmy prawdzie w oczy, żyjemy w świecie, w którym wypowiadanie fałszywych oskarżeń i kłamstw jest powszechną praktyką. Nie wystarczy nie uczestniczyć w tym, aby się temu przeciwstawić. Potrzeba chęci zrobienia czegoś przeciwnego: mówienia prawdy.

Dorastałam w kulturze, w której składanie pozwów sądowych nie było powszechną praktyką. Szokujące jest dla mnie to, że na przykład w USA, rozsądni, a nawet wykształceni ludzie, próbują się nawzajem zniszczyć, kłamiąc, rozpowszechniając plotki i składając pozwy w sądzie. Nie twierdzę, że wszystkie zarzuty są fałszywe, ale wiele z nich jest. Uważam, że często głównym celem jest znalezienie kozła ofiarnego, wykreowanie sprawy i publicznego spektaklu, a *nie* poszukiwanie prawdy czy sprawiedliwości. Co się stało z umysłami ludzi, którzy wnoszą (fałszywe) oskarżenia przeciwko innym ludziom lub firmom? Co się stało ze społeczeństwem, które w jakiś sposób przekształciło kłamstwa, plotki i obwinianie
w rozrywkę? Dlaczego uwielbiamy angażować się w te praktyki?

Być może osobiście nigdy nie oskarżyłeś nikogo fałszywie, ale uważam, że czytając plotki i oglądając niektóre programy telewizyjne, uczestniczymy w atmosferze oskarżeń, która unosi się nad naszym krajem. Karmiąc się publicznymi zarzutami, gromadzimy złe rzeczy w naszych sercach i następnym razem, gdy się odezwiemy, wyjdzie na jaw coś równie złego.

Może myślisz, że traktuję to zbyt poważnie. Małe kłamstwo tu i tam, pikantny pozew sądowy, trochę atrakcyjnych plotek; to nie zrujnuje świata. Cóż, to *naprawdę* rujnuje świat i nie jest on takim, jakim Bóg chce, aby był. A jako chrześcijanie z pewnością nie możemy się w to angażować. Jeśli karmimy się złymi rzeczami, będą one naszym pożywieniem i ostatecznie będziemy czynić złe rzeczy.

Może powiesz raz jeszcze: Nigdy nie oskarżyłem nikogo fałszywie, nigdy bym tego nie zrobił. Ale ta książka jest nie tyle o tym, czego nie powinniśmy robić, ale o tym, co możemy i powinniśmy robić. Pamiętaj o tym! Kiedy Bóg dał dziewiąte przykazanie swojemu ludowi, uczynił je jasnym i prostym: nie oskarżaj nikogo fałszywie. Inne tłumaczenia mówią: nie kłam, nie oszukuj lub nie składaj fałszywego świadectwa. Wszystko sprowadza się do tego, że Bóg chce, abyśmy mówili prawdę za każdym razem, gdy otwieramy usta. Pozostaje pytanie, dlaczego mówienie prawdy nie przychodzi nam naturalnie? Przyjrzyjmy się bliżej tej odwiecznej walce między prawdą a kłamstwem.

Zastanów się nad następującymi kwestiami:

- *Czy mam tendencję do obwiniania innych za swoje błędy?*

- *Jaka jest moja definicja plotkowania? Czy biorę w nim udział?*

- *Czy przypominam sobie sytuację, w której prawda była bolesna? I podobnie: kiedy kłamstwo było bolesne?*

Zapisz swoje myśli:

4

Historia zwiedzenia

...prawda potyka się na rynku, a dla uczciwości miejsca nie ma.

Księga Izajasza 59:14

Aby zrozumieć walkę między prawdą a fałszem, musimy sięgnąć daleko w przeszłość. Musimy cofnąć się do ogrodu Eden, gdzie sprzeciwiono się prawdzie, a źródło wszelkiego fałszu - zwiedzenie - stało się widoczne.

Faktem jest, że prawda została na wiele sposobów przekręcona od czasu wydarzeń w ogrodzie Eden. Możemy spojrzeć wstecz na tysiące lat ludzkiej historii nasyconej zwiedzeniem (wypaczoną prawdą). Począwszy od Adama i Ewy, nasza historia była pełna wypaczonej prawdy i ludzi wytykających palcami, osądzających, potępiających i obwiniających innych.

Spójrzmy prawdzie w oczy: nadal jest to jeden ze sposobów, w jaki tworzymy historię. Kiedy coś idzie nie tak w narodzie, mieście, na ulicy, w szkole, w kościele lub rodzinie, pierwszą rzeczą, jaką często robimy, jest szukanie winnych. Wytykanie palcami lub „gra w obwinianie", jak nazywa to jeden z moich pastorów, stało się mechanizmem przetrwania dla wielu ludzi z różnych środowisk. Uniemożliwia nam to wzięcie pełnej odpowiedzialności za własne słowa i czyny i może utrzymywać nas przez bardzo długi czas w roli ofiary. Łatwo jest obwiniać kogoś innego za to, że coś poszło nie tak, ale najpierw musimy nauczyć się patrzeć na nasze postępowanie.

Jak napisałam wcześniej, fałszywe oskarżanie innych zyskało wysoką wartość rozrywkową. Gdy włączymy telewizor lub otworzymy gazetę za każdym razem znajdziemy kłamiących, oszukujących, plotkujących i oskarżających ludzi. Wystarczy spojrzeć na stoisko z gazetami w sklepie, a może nawet na magazyny do czytania na twoim stoliku.

Wygląda na to, że od czasów Adama i Ewy nie posunęliśmy się zbytnio w górę na drabinie uczciwości. Mówimy rzeczy, których tak naprawdę nie chcemy powiedzieć, często nie pomyślimy zanim zaczniemy mówić. I smutne, ale prawdziwe jest to, że nie zawsze mówimy prawdę. Możemy angażować się w oszczerstwa lub plotki, nie zdając sobie sprawy, że fałszywie oskarżamy innych. Kto potrafi odróżnić kłamstwo od prawdy? Uważam, że nadszedł czas, aby ponownie rozważyć pytanie Piłata.

Jak podaje Biblia, ludzkość została dość niesamowicie powołana do istnienia, ale wkrótce sytuacja zmieniła się drastycznie. Ta zmieniona atmosfera przygotowała grunt pod trwającą walkę dobra ze złem, czyli prawdy z kłamstwem. Zwiedzenie - podstęp lub oszustwo - istniało od samego początku historii ludzkości. Jest ono źródłem wszelkiego fałszu. Musimy wrócić do Trzeciej Księgi Rodzaju, gdzie możemy przeczytać, jak to się wszystko zaczęło.

Scenariusz jest prawdopodobnie znany większości ludzi. Pokój i prawda zapanowały w ogrodzie Eden, życie było sielanką, ale pewnego dnia wydarzyła się straszna rzecz. Adam i Ewa okazali nieposłuszeństwo Bogu, w wyniku czego ich relacja z Nim uległa zniekształceniu. Grzech stał się barierą dla zdrowej relacji między Bogiem a ludźmi. Kiedy Bóg zapytał ich o motywy nieposłuszeństwa, zarówno Adam, jak i Ewa odpowiedzieli w ten sam sposób: Ja tego nie zrobiłem. Innymi słowy, to nie była moja wina i aby udowodnić swój punkt widzenia, obwinili kogoś innego, a wąż postąpił tak samo.

Wąż próbował zrobić z Boga kłamcę, zaprzeczając temu, co On powiedział (werset 4), Adam powiedział Bogu, że Ewa go do tego zmusiła (werset 12), a Ewa obwiniała węża za oszukanie jej (werset 13). Nazywając Boga kłamcą, diabeł rozpoczął swoją działalność na ziemi polegającą na zwodzeniu i oskarżaniu. I od tego czasu jest w nią zaangażowany. Muszę przyznać, że całkiem dobrze mu poszło z Ewą. Prawdopodobnie moja reakcja byłaby taka sama. Przyjrzyj się bliżej tej znanej scenie i przekonaj się sam, jak łatwo jest zostać zwiedzionym.

Bóg umieścił w ogrodzie Eden dwa szczególne drzewa (Pierwsza Księga Mojżeszowa 2:9): drzewo dające życie i drzewo poznania dobra i zła. Powiedział Adamowi (a nie Ewie, ponieważ ona po prostu nie została jeszcze stworzona), aby nie jadł z drzewa, które daje poznanie dobra i zła.

Z każdego drzewa tego ogrodu możesz jeść, ale z drzewa poznania dobra i zła nie wolno ci jeść, bo gdy tylko zjesz z niego, na pewno umrzesz (Pierwsza Księga Mojżeszowa 2:16-17).

To świadczy o tym, że Adamowi pozwolono jeść z drugiego szczególnego drzewa, drzewa życia. Później na scenie pojawiła się Ewa i miała spotkanie z wężem, który był uosobieniem zła. Wąż był sprytny, gdyż wybrał walkę z Ewą. Mógł zwrócić się do Adama, ale oczywiście łatwiej było oszukać Ewę, ponieważ otrzymała informację o zakazanym drzewie z drugiej ręki! Powiedziała wężowi to, co usłyszała od Adama, a mianowicie, że nie wolno im jeść z drzewa poznania dobra i zła, ponieważ spowoduje to śmierć. Diabeł zmylił ją, mówiąc: „Nie umrzesz, będziesz tylko wiedziała wszystko o dobru i zły". Uznała, że miał rację, skoro drzewo nazywało się drzewem poznania dobra i zła.

Mogę się domyślać, że jej rozumowanie wyglądało mniej więcej tak: „jedzenie z drzewa życia jest dozwolone i zapobiega naszej śmierci. Jak więc możemy umrzeć, jeśli zjemy z drzewa poznania dobra i zła? To nie ma nic wspólnego z życiem lub śmiercią". Prawdopodobnie myślała, że jeśli zjedzą z drzewa mądrości, staną się mądrzy i będą żyć wiecznie, ponieważ nadal będą mogli jeść z drzewa życia. To była podstępna sytuacja. I dała się zwieść wężowi. Bądź szczery, czy nie uległbyś pokusie, by stać się mądrym i żyć wiecznie?

Oczywiście Bóg nie jest kłamcą, jest nim diabeł! Jest kłamcą i ojcem wszelkiego kłamstwa (Ewangelia św. Jana 8:44). Kiedy Adam i Ewa zjedli z drzewa poznania dobra i zła, rzeczywiście stali się mądrzy; wąż miał rację, kiedy to powiedział. Pierwsza Księga Mojżeszowa 3:22 mówi nam:

I rzekł Pan Bóg: Oto człowiek stał się taki jak my: zna dobro i zło.

Bóg nie pozwolił im już nigdy więcej jeść z drugiego drzewa, drzewa życia, więc stało się ono drugim zakazanym drzewem. Decyzja Adama i Ewy o zjedzeniu z pierwszego zakazanego drzewa była w zasadzie końcem ich wiecznego życia na ziemi, stali się śmiertelnymi ludźmi. Podpisali na siebie duchowy wyrok śmierci; wąż kłamał, mówiąc, że to się nigdy nie stanie.

Odkąd diabeł oskarżył Boga o bycie kłamcą, zwiedzenie unosi się nad światem. W ogrodzie Eden każdy w jakiś sposób oskarżył kogoś innego za swoje błędy; dziś wielu ludzi nadal ma takie samo podejście. Właśnie dowiedzieliśmy się, że ludzkość ma w rzeczywistości wiedzę o tym, co jest dobre, a co złe, lub powiedzmy, co jest prawdą, a co kłamstwem. Na początku Adam i Ewa nie wiedzieli nic o dobru i złu, ta wiedza była ukryta w owocu drzewa i nie mogli z niego jeść. Zasadniczo cieszyli się wiecznym życiem z Bogiem, co oczywiście było w porządku. Być może jedynym powodem, dla którego dali się nabrać na sztuczkę węża, był fakt, że nie potrafili rozpoznać co jest dobre a co złe. Wszystko, co mieli, to wolną wolę odnośnie wyborów. Całe zajście z wężem kosztowało ich życie; Bóg nie pozwolił im już żyć wiecznie na ziemi. Ale jednocześnie pozwolił im zachować wolną wolę, wolę wyboru między prawdą a kłamstwem.

Skoro ludzkość zyskała mądrość, to dlaczego wciąż upadała i nadal upada pod wpływem kłamstw diabła? Kluczowym słowem jest tutaj zwiedzenie! Kiedy diabeł zobaczył sukces, jaki odniósł po prostu przekręcając prawdę, był na fali! Gdyby mógł powstrzymać ludzi przed widzeniem prawdy, przed mówieniem prawdy i ostatecznie przed działaniem w prawdzie, zawsze byłby w stanie stanąć między Bogiem a nimi. Jeśli udało mu się to zrobić raz, mógł robić to znowu i znowu, i tak rozpoczęła się jego misja zniszczenia prawdy. I niestety nadal jest mu dość łatwo przekręcić prawdę i sprawić, by brzmiała dobrze. Jestem pewna, że wszyscy znamy na to przykłady. Dzieje się tak, gdy „kłamiemy" w zeznaniu podatkowym lub podajemy w urzędzie komunikacji niższą cenę sprzedaży samochodu, który właśnie kupiliśmy. Dzieje się tak, gdy pozwalamy innym ludziom namówić nas na coś, o czym wiemy, że nie jest właściwe.

Zła wiadomość jest taka, że zwiedzenie pojawiło się na świecie za sprawą szatana. Właśnie widzieliśmy, jak sprytnie rozpoczął swoją grę i od tego czasu odnosi sukcesy. Dobra wiadomość jest taka, że prawda przyszła na świat przez Jezusa Chrystusa. Ewangelia św. Jana 1:17 mówi, że:

Zakon bowiem został nadany przez Mojżesza, łaska zaś i prawda stała się przez Jezusa Chrystusa.

Prawda przyszła na świat w postaci człowieka boskiego pochodzenia. To musiał być zły dzień dla wroga, który panoszył się od wieków. Według Ewangelii Mateusza, król Herod chciał zabić Jezusa, który przyszedł, aby mówić o prawdzie, gdy Ten był jeszcze niemowlęciem. Dokonał w tym czasie masowego mordu wszystkich małych chłopców, aby upewnić się, że Jezus nie przeżyje. Bez względu na to, jak bardzo się starał, nie udało mu się. Ewangelia św. Jana 1:14 mówi nam:

A Słowo ciałem się stało i zamieszkało wśród nas.

Jezus był pełen prawdy i żył wśród ludzi swoich czasów. Jak powiedział Piłatowi - miał również misję. Przyszedł, aby dać świadectwo prawdzie i uczynił to podczas swojej własnej sprawy sądowej. Właśnie tam i wtedy potwierdził lub wypełnił dziewiąte przykazanie. Słowa wypowiedziane przez Jezusa przed Piłatem (Ewangelia św. Jana 18:37) wydają się być nie na miejscu, a nawet dziwne:

Każdy, kto z prawdy jest, słucha głosu mego.

Pośród kłamstw i oskarżeń mówił o prawdzie. Udzielił odpowiedzi, zanim jeszcze Piłat zadał pytanie. Jezus powiedział mu: „słuchaj Mnie!" Jeśli chcemy dowiedzieć się więcej o prawdzie, musimy rzeczywiście Go słuchać!

Gdy Jezus był na ziemi uczynił wiele dobrych uczynków. Nawet ci, którzy nie wierzyli, że był Synem Bożym, zgadzali się, że był miłosierną osobą, dobrym człowiekiem. A jednak zarówno religijny establishment, jak i zwykli ludzie rzucali na Niego fałszywe oskarżenia, nawet na długo zanim stanął przed Piłatem! Jezus zapytał o ich motywy w Ewangelii św. Jana 10:32:

Ukazałem wam wiele dobrych uczynków z mocy Ojca mego; za który z tych uczynków kamienujecie mnie?

Przyszedł, aby czynić dobro, aby mówić o prawdzie, a ludzie chcieli Go zabić. Dla wielu ludzi Jego czasów Jego nauczanie było zbyt trudne do zniesienia, było przyczyną wielu zawirowań i było powodem Jego wyroku śmierci. Jezus powiedział Piłatowi, że Jego celem na ziemi było mówienie o prawdzie. Piłat zastanowił się na głos: „a czym jest prawda?".

Im więcej studiowałam ten werset z Ewangelii Jana 18:37-38, tym bardziej pytanie Piłata zaczęło mnie niepokoić. Jest to rozpaczliwe wołanie o pomoc. Piłat był otoczony kłamstwami i fałszywymi oskarżeniami, a krzyczące tłumy zaciemniały jego myślenie i postrzeganie. Stało się tak pomimo tego, że jego żona ostrzegała go, że Jezus jest niewinny i że ona bardzo ucierpiała we śnie z Jego powodu. Piłat nie był w stanie stanąć w obronie prawdy i niemal błagał Jezusa, by udzielił mu odpowiedzi.

Zadałam sobie pytanie: „Czy jestem w stanie odpowiedzieć na pytanie Piłata w sposób, który będzie dzisiaj pomocny ludziom?" Wiedziałam, że nie wystarczy napisać książkę o tym, jak uniknąć fałszywych oskarżeń lub o niszczycielskich skutkach angażowania się w kłamstwa. Ani wyprodukować kilka tysięcy magnesów na lodówkę. Musiała to być książka o Prawdzie, przez duże P, rodzaj apologetycznego dzieła dla zwykłych ludzi, takich jak ty i ja.

Jestem osobą, która zawsze czyta kilka książek jednocześnie. W naszym domu książki są w każdym pokoju, na szafkach nocnych, w salonie. Są ich stosy na każdym możliwym stole lub komodzie. W tym samym czasie mogę czytać powieść, książkę opartą na faktach i pracę apologetyczną. Niektóre książki mnie intrygują; pozostają ze mną nawet po ich odłożeniu. Po prostu nie chcę, aby się skończyły, a moje czytanie zwalnia podczas przewracania kartek. Niektóre książki wymagają powtórnego przeczytania i wielu przemyśleń - to te, które naprawdę lubię. Biblia jest taką książką. Bez względu na to, ile razy biorę ją do ręki, zawsze pokazuje mi coś nowego i interesującego. Jednak czasami zastanawiam się, czy naprawdę rozumiem prawdziwe znaczenie tych słów? Co mówi mi ona o Bogu? Nie chcę po prostu zdobywać wiedzy czy gromadzić informacji. Pragnę lepiej poznać Boga.

Spójrzmy prawdzie w oczy. Nie jest trudno przestudiować na przykład dziewiąte przykazanie. Możemy wyszukać słowa „fałsz" i „oskarżenie" i sprawdzić wersety Starego i Nowego Testamentu dotyczące tego tematu. Dowiemy się, że mówienie prawdy będzie błogosławieństwem zarówno dla nas, jak i dla ludzi wokół nas. Mówienie prawdy uchroni nas przed zniszczeniem i dramatem. Powinniśmy zatem podjąć decyzję, aby wyrobić w sobie nawyk ostrożnego mówienia. Jednak takie studium biblijne nie powinno się na tym kończyć. Sprawa mogłaby być tak prosta, gdybyśmy byli jedynymi ludźmi na świecie, gdyby nie było wroga i nikogo, kto mógłby nas naciskać. W rzeczywistości każdego dnia mamy do czynienia z trudnymi ludźmi i okolicznościami. W naszym życiu zawsze działają zewnętrzne wpływy i, jak mówi Biblia w Liście do Efezjan 6, toczymy duchową walkę, czy nam się to podoba, czy nie. Bez względu na to, jak blisko jesteśmy Jezusa, jak wspaniała jest nasza relacja z Nim, bitwa trwa. Piszę to, żeby skonfrontować was z rzeczywistością, a nie żeby kogoś zniechęcić.

Pomyślmy o apostole Piotrze, który był bardzo bliskim i ukochanym towarzyszem Jezusa i przez kilka lat spędzał z Nim czas każdego dnia! A jednak nie potrafił wytrzymać presji i gdy go zapytano, nie potrafił powiedzieć prawdy. Nie był w stanie odpowiedzieć na pytanie Piłata. Jak zobaczymy w następnym rozdziale, zwiedzenie trzymało go w niewoli.

Zastanów się nad następującymi kwestiami:

- *Czy kiedykolwiek świadomie przekręciłem prawdę, aby dopasować ją do swoich celów?*

- *Czy mam tendencję do nakłaniania ludzi do robienia pewnych rzeczy lub wierzenia w nie?*

- *Czy jestem skłonny słuchać tego, czego Biblia chce mnie nauczyć?*

Zapisz swoje przemyślenia:

5

Stawanie w obronie prawdy

... lecz chcecie mnie zabić, bo słowo moje nie ma do was przystępu.

Ewangelia św. Jana 8:37

Mam nadzieję, że teraz ma to sens, że przykazanie „nie oskarżaj nikogo fałszywie" na nowej drodze Ducha oznacza „zawsze mów prawdę". Kiedy około dwa tysiące lat temu Jezus chodził po ziemi, był pełen prawdy i za każdym razem, gdy otwierał usta, mówił tylko prawdę.

Czy nie byłoby miło powiedzieć, że jest tak samo, gdy my, Jego naśladowcy, otwieramy usta? Cóż, oczywiście tak nie jest. Nawet apostoł Piotr nie mówił prawdy, kiedy powinien, chociaż przez kilka lat karmił się słowami i naukami Jezusa. Cieszę się, że jego porażka w obronie prawdy została zapisana w Biblii, ponieważ pomoże nam to na wypadek, gdybyśmy doświadczyli czegoś podobnego w naszym własnym życiu. Nawet jeśli karmimy się Słowem, nie ma gwarancji, że prawda pojawi się na naszych ustach za każdym razem, gdy je otworzymy. Dzieje się tak dlatego, że w przeszłości byliśmy również karmieni wieloma błędnymi informacjami lub nieprawdą. Nawet jeśli wypowiadamy słowa, które brzmią dobrze lub są – jak to mówią – „poprawne politycznie", niekoniecznie oznacza to, że słowa te są właściwe z biblijnego punktu widzenia. Weźmy na przykład temat globalnego ocieplenia. Wiele powiedziano i napisano na temat zmian w naszym klimacie. Słuchamy oświadczeń, czytamy artykuły w gazetach, może podobać nam się debata na ten temat itp. itd. Nie trzeba długo czekać, abyśmy powtórzyli to, co usłyszeliśmy i w ten sposób bierzemy udział w strategii wroga, aby siać strach na ziemi i podważać biblijną prawdę. Czy Słowo Boże mówi coś o naszym klimacie? Oczywiście! W Księdze Rodzaju 8:22 Bóg mówi:

Dopóki istnieje świat, będzie czas sadzenia i czas zbiorów. Zawsze będzie zimno i gorąco, lato i zima, dzień i noc.

Taki jest mój osobisty pogląd na „globalne ocieplenie". Nie twierdzę, że nie powinniśmy odpowiednio dbać o naszą planetę, ale jestem przekonana, że nie musimy martwić się o pogodę i pory roku.

Musimy uważać na to, czego słuchamy, ponieważ zakorzeni się to w naszym sercu. Jeśli wciąż karmimy się nieprawdziwymi rzeczami, pozwalamy zwiedzeniu zakorzenić się w naszym sercu. Widzieliśmy już, że zwiedzenie jest silnym wrogiem prawdy; przez większość czasu ma mylący i zaburzający wpływ na nasze myślenie. Zwiedzenie jest wypaczoną prawdą i może powoli, ale pewnie wkradać się w każdą okoliczność lub sytuację. Jest ono często karmione głosami, wieloma głosami, które domagają się uwagi. Ten, kto mówi najgłośniej, często jest dopuszczany do głosu.

Aby zwiedzenie mogło być ujawnione prawda musi mieć stałe i ważne miejsce w naszym życiu. Wiele lat temu ktoś wyjaśnił mi to na następującym przykładzie: pracownicy banku rozpoznają fałszywe banknoty *nie* poprzez studiowanie fałszywych banknotów, ale poprzez studiowanie prawdziwych. Mając do czynienia z tysiącami prawdziwych banknotów, są w stanie natychmiast rozpoznać fałszywy banknot. Podobnie i my nie możemy poświęcać czasu na studiowanie sztuczek wroga. Wręcz przeciwnie, musimy spędzać czas z prawdą, aby być w stanie rozpoznać cokolwiek fałszywego. Zajmiemy się tym w kolejnych rozdziałach.

Na razie wróćmy jeszcze raz do Piłata. Piłat odegrał bardzo ważną rolę w procesie Jezusa. Był gubernatorem Judei, miał władzę, by uwolnić Jezusa lub kazać Go ukrzyżować (Ewangelia św. Jana 19:10). W pewnym sensie Piłat ponosił winę za skazanie Jezusa na śmierć. Osobiście uważam, że w tamtym momencie bardziej zależało mu na prawdzie niż Piotrowi. Czytając opis wydarzeń prowadzących do ukrzyżowania Jezusa, zauważamy, że Piłat trzy razy z rzędu ogłosił Jezusa niewinnym, podczas gdy Piotr trzy razy zaparł się Jezusa. Piłat powiedział prawdę, mówiąc: „Nie mogę znaleźć żadnego powodu, by skazać tego człowieka". Piotr mówił: „Nie znam tego człowieka, nigdy Go nie widziałem". Piłat szukał sposobu na uwolnienie Jezusa (Ewangelia św. Jana 19:12), podczas gdy Piotr szukał sposobu na uratowanie własnego ciała. Piłat wiedział, że prawda stoi przed nim i uwierzył Mu. Piotr żył z prawdą przez trzy lata, a jednak zaprzeczył ich relacji, gdy powinien się do niej przyznać. Żona Piłata nie mogła spać z powodu procesu Jezusa (Ewangelia św. Mateusza 27:19), Biblia mówi, że cierpiała z Jego powodu, podczas gdy Piotr martwił się tylko o miejsce przy ognisku, aby ogrzać się w zimną noc.

Niezależnie od tego, jak spojrzymy na tę sytuację, Piłat musiał w głębi serca znać prawdę i nie bał się ogłosić swoich odkryć, jak czytamy w Ewangelii św. Jana 18:38:

Ja w nim żadnej winy nie znajduję.

Próbował uzyskać od Jezusa jakieś odpowiedzi, jakieś potwierdzenie. Kiedy Jezus milczał, głosy zwiedzenia stały się głośniejsze. Tłum krzyczał na Piłata, krzyczał słowa nienawiści i o morderstwie. Domagał się kary, zemsty i spektakularnego mordu. Głosy stały się tak natarczywe, że Piłat poczuł, że musi ustąpić. Nie boję się powiedzieć, że żałował swojego wyboru. Później zdecydował się wykonać tabliczkę i umieścić ją na krzyżu. Napis brzmiał: Jezus, król żydowski. Tłum namawiał go do zmiany tego stwierdzenia, dla Żydów było to bluźnierstwo. Z pewnością Jezus nie był królem Żydów; On tylko tak twierdził. Piłat był uparty i trzymał się prawdy, którą poznał, gdy Jezus stanął przed nim i mówił o swoim Królestwie. Uznał tego człowieka za intrygującego i chciał dowiedzieć się od Niego coś więcej. Oczywiście tłum dostrzegł wahanie Piłata i jego zainteresowanie Jezusem i ostrzegł go, mówiąc:

Każdy bowiem, który się królem czyni, sprzeciwia się cesarzowi (Ewangelia św. Jana 19:12)

Innymi słowy: „Spójrz gubernatorze, masz buntownika w swoich rękach, nie rozumiesz tego?". Ale Piłat zignorował ich krzyki i jeszcze raz spojrzał na Jezusa. Ten człowiek był królem Żydów, a oni chcieli Go zabić. Co za szalony świat. Gdzie coś poszło nie tak? Tymczasem tłum wciąż krzyczał na Piłata, głosy były tak głośne, tak gniewne, tak nieuzasadnione... Co miał zrobić? Piłat w końcu ugiął się pod presją i wydał Jezusa. W ostatniej desperackiej próbie wstawienia się za Jezusem nie zaprzeczył Jego królewskości, mówiąc do ludu (Ewangelia św. Jana 19:14b):

Oto król wasz!

Patrząc wstecz na Piłata i Piotra (co za para, nawiasem mówiąc), zastanawiam się, jak to możliwe, że obaj zaparli się Jezusa w ostatniej chwili. Piłat próbował, ale nie potrafił stanąć w obronie prawdy. Piotr nawet nie próbował. Sądzę, że obaj byli rozproszeni przez wszystko, co działo się wokół nich. Powietrze było wypełnione oskarżeniami. Wcześniej Piłat zapytał tłum (Jana 18:29):

O co oskarżacie tego człowieka?

Od początku ziemskiej służby Jezusa religijny establishment szukał sposobów, by fałszywie Go oskarżyć. Ich oskarżenia wprawiły Piłata w zakłopotanie. Z pewnością nie były prawdziwe, z pewnością ten człowiek przed nim nie był winny niczego, o czym mówili. Piotr również musiał stawić czoła oskarżeniom. Obwiniali go o to, że był z Jezusem, że był Jego uczniem i że był w ogrodzie podczas aresztowania Jezusa. Chociaż wszystkie te stwierdzenia były prawdziwe, dla Piotra brzmiały jak wyrok. Sposób, w jaki zostały mu postawione, był przerażający, a on zaprzeczył temu, co zostało powiedziane. Zarówno Piłat, jak i Piotr znali prawdę, ale otaczające ich głosy wprowadzały zamieszanie. Nie potrafili już trzeźwo myśleć. Oskarżenia stały się głośniejsze niż prawda i poddali się.

Osobiście uważam, że Piłat znał prawdę, ale było zbyt wiele rozpraszających głosów, które go zwiodły i dlatego się poddał. Objawienie św. Jana 12:9 mówi nam, że starodawny wąż, zwany diabłem lub szatanem, zwiódł cały świat. I to dotyczy ciebie, mnie i wszystkich, nie tylko Piłata. Szatan zwodzi ludzi, mówiąc kłamstwa i oskarża ludzi o rzeczy, których nie zrobili. Nic dziwnego, że Jezus nazywa go kłamcą, a nawet ojcem wszelkiego kłamstwa (Ewangelia św. Jana 8:44). W Objawieniu św. Jana 12:10 jest on nazwany oskarżycielem. Tak, diabeł ma różne imiona. Jest znany jako kłamca, oskarżyciel i zwodziciel. Wszystkie te imiona odzwierciedlają jego charakter.

Biblia mówi nam, że imię Jezus jest ponad wszelkie imię (List św. Pawła do Filipian 2:9). Tak więc imię kogokolwiek lub czegokolwiek w niebie lub na ziemi nie równa się imieniu Jezusa. Jezus ma wiele imion, a każde z nich symbolizuje część Jego charakteru. Większość ludzi jest obeznana na przykład z „Dobrym Pasterzem", „Światłością świata", „Chlebem życia" i „Barankiem". Każde imię opowiada historię, która pociesza nas w różnych okresach naszego życia. Każde imię jest metaforą. Syn Boży jest porównywany do chleba, wody i życia. Jezus lubił mówić w przypowieściach i metaforach. Wyraził się jednak bardzo jasno, gdy powiedział:

Ja jestem droga i prawda, i żywot...

jak zapisano w Ewangelii św. Jana 14:6. Ja jestem prawdą! To uczy nas, że prawda nie jest stwierdzeniem, spisanym kodeksem, zbiorem zasad czy nawet sumieniem, ale osobą. Jezus Chrystus jest prawdą, której szuka cały świat. Jezus jest Bogiem i nigdy się nie zmienia, co czyni Prawdę przez duże „P" absolutem. Jest fundamentem wszystkiego, w co wierzymy i gruntem, na którym opiera się nasz światopogląd. Świat wierzy, że prawda opiera się na uczuciach: jeśli czujesz się z czymś dobrze, to jest to dobre. Ten punkt widzenia sprawia, że prawda jest bardzo zmienna. Smutnym faktem jest to, że wielu chrześcijan również przyjęło tę myśl. Nie wierzą już w prawdę absolutną. Jak to możliwe? Jezus jest prawdą. On nią oddycha, On ją wypowiada, On ją wykonuje. Jeśli chcemy poznać prawdę, musimy Go poznać! Musimy uczyć się od Niego, słuchać Go, rozmawiać z Nim, być Mu posłuszni, a czyniąc to, poznamy prawdę lepiej, bliżej, bardziej intymnie i prawdziwie.

Jezus powiedział Piłatowi w Ewangelii św. Jana 18:37:

Ja się narodziłem i na to przyszedłem na świat, aby dać świadectwo prawdzie.

Będąc prawdą, nie mógł zrobić nic innego, jak tylko mówić z pełną szczerością. Mówił zgodnie ze swoją naturą. Jezus przyszedł w jednym celu: aby mówić o prawdzie. Dlaczego? Ponieważ wiedział, że ludzie potrzebowali jej wtedy i wie, jak bardzo potrzebujemy jej teraz! Wiedział, że bez właściwego kierunku ludzie będą zagubieni i wie, że gdy odchodzimy od Drogi, Prawdy i Życia wciąż się gubimy.

Minęły wieki od wydarzeń w ogrodzie Eden, a świat stał się nieuporządkowanym miejscem. Nadszedł czas, aby prawda podbiła świat, a jednak - gdy przyszedł - wielu nie rozpoznało Go. Kłamstwa i oszustwa przysłoniły umysły ludzi. Syn Boga żywego przyszedł na ziemię, aby mówić o prawdzie. Jednak ludzie oskarżyli Go o bycie kłamcą, oszustem, a nawet wspólnikiem Belzebuba. Zamienili prawdę na kłamstwo. Jeśli teraz o tym pomyślimy, wygląda to na szaleństwo. Ale szczerze mówiąc, nadal możemy zobaczyć, że dzieje się tak i dzisiaj.

My również żyjemy w nieuporządkowanym świecie. Niestety, wielu ludzi odeszło od Bożych standardów moralnych i zamieniło prawdę na kłamstwo. Jeszcze bardziej niepokojące jest to, że widzimy to również wśród ludzi, którzy twierdzą, że są chrześcijanami. Są oni oczywiście zwiedzeni. Apostoł Piotr przewidział to i napisał:

I wielu pójdzie za ich rozwiązłością, a droga prawdy będzie przez nich pohańbiona (Drugi List św. Piotra 2:2).

Widzimy to na skalę światową: skandale w kościele. Skandale dotyczące prania brudnych pieniędzy, niemoralnego zachowania, manipulacji itp. itd. Kościół, a tym samym Bóg, zyskuje złą sławę z powodu takich praktyk. Biblia mówi, że „inni będą mówić źle o Drodze Prawdy", którą jest oczywiście Jezus. To musi się skończyć! Jeśli jako kościół oddaliliśmy się od prawdy, jak możemy oczekiwać, że „inni" znajdą Tego, którego najbardziej potrzebują?

Dziś ludzie mogą uznać Jezusa za dobrego nauczyciela, miłego człowieka, a nawet proroka... Ale kiedy chrześcijanie twierdzą, że jest On absolutną Prawdą, przez duże P, wielu nie chce tego zaakceptować. Być może dlatego, że przyjęcie prawdy oznaczałoby przyjęcie Jezusa i Jego nauk. A to oznacza, że nie możemy już dłużej kłaniać się zwiedzeniu.

Świat ma sprytny sposób na karmienie rzeszy ludzi zwiedzeniem. Na przykład, gdy słyszymy pewne stwierdzenia wystarczająco często i długo, bez samodzielnego badania zaczynamy akceptować je jako prawdę. W ten sposób współczesne media często manipulują umysłami ludzi. Robią to za pomocą reklam, sloganów politycznych i tak zwanych wiadomości w tle. Powtarzanie jest kluczem do zanieczyszczania umysłów opinii publicznej. Kolejnym skutecznym narzędziem do mieszania w naszym myśleniu jest tworzenie hipotez. Musimy być bardzo ostrożni, aby bez sprawdzenia ważności przekazu nie powtarzać tego, co słyszymy pocztą pantoflową, w wiadomościach lub w kościele.

Możemy to zrobić, sprawdzając je z prawdą biblijną. Musimy studiować prawdę, aby wychwycić kłamstwo.

Natura diabła jest przeciwieństwem natury Jezusa. Jezus mówi o diable w Ewangelii św. Jana 8:44:

Gdy mówi kłamstwo, mówi od siebie, bo jest kłamcą i ojcem kłamstwa.

Kiedy diabeł próbował kusić Jezusa (Ewangelia św. Mateusza 4), zaczął od powiedzenia: „jeśli jesteś Synem Bożym", innymi słowy „jeśli to prawda". Ilekroć Jezus otwierał usta, zawsze kładł nacisk na swoje słowa, dodając: „Mówię wam prawdę". Jestem pewna, że jeśli słuchałeś Go wystarczająco długo, zrozumiałeś, o co chodzi w prawdzie.

Jak dotąd widzieliśmy, że według Biblii Jezus

- jest Prawdą przez duże P,

- przyszedł, aby mówić o prawdzie i

- przyszedł, aby Prawo i nauczania stały się rzeczywistością.

W jakiś sposób ta misja była powodem, dla którego niektórzy ludzie chcieli Go zabić. Być może ówcześni ludzie nie chcieli słuchać tego, co miał do powiedzenia. Może wymyślili własną tak zwaną „prawdę", a może po prostu nie chcieli, aby prawda była osobą. Bez względu na powód, ich postawa zadziwia nawet Jezusa. Wystarczy sprawdzić ich argumenty w 8 rozdziale Ewangelii św. Jana. W wersecie 45 Jezus ripostuje:

Ponieważ Ja mówię prawdę, nie wierzycie mi.

W wersecie 46 stawia następujące pytanie:

Jeśli mówię prawdę, dlaczego nie wierzycie mi?

Dobre pytanie. Czy nie sądzisz, że byli w stanie rozpoznać wypowiedzianą prawdę? Czy byli w jakiś sposób zaślepieni lub zwiedzeni? Może spodziewali się, że prawda przyjdzie w postaci zwoju lub płótna modlitewnego, a nawet napisu na ścianie wykonanego ręką Boga. To może być dobry moment, aby zadać sobie pytanie, co odpowiedzielibyśmy, gdyby Jezus zadał nam pytanie „dlaczego". Dlaczego Mi nie wierzysz? Widzisz, Jezus mówi nam, abyśmy się nie martwili, nie bali i nie niepokoili. Dlaczego nie wierzymy Mu, kiedy tak mówi? Jezus mówi nam, abyśmy wybaczali innym tak często, jak to jest potrzebne. Dlaczego więc Mu nie wierzymy? Dlaczego więc często nie jesteśmy posłuszni nauczaniu Jezusa? Jedno z najgłębszych stwierdzeń Jezusa można znaleźć w Ewangelii św. Jana 13:34:

Nowe przykazanie daję wam, abyście się wzajemnie miłowali, jak Ja was umiłowałem; abyście się i wy wzajemnie miłowali.

To jest przykazanie, nowe przykazanie. Tak wielu chrześcijan ma alergię na słowo „przykazanie". Uważają, że jest to słowo ze Starego Testamentu, które nie ma już żadnej wartości dla współczesnego wierzącego. Jak to możliwe, że chrześcijanie chcą usunąć to słowo, skoro Jezus używa go przez cały czas? Używa go nawet, a właściwie szczególnie, w połączeniu ze słowem miłość.

Miłość jest prawdą, o której mówił Jezus, a miłość jest wypełnieniem zakonu lub zastosowaniem Prawa (List św. Pawła do Rzymian 13:10). Za każdym razem, gdy działamy w miłości, żyjemy zgodnie z Bożym prawem. W rzeczywistości żyjemy prawdą i zaprzeczamy kłamstwu. Jednym z imion Boga jest „Miłość" (Pierwszy List św. Jana 4:8). Bóg jest tożsamy z miłością w taki sam sposób, w jaki Jezus jest tożsamy z prawdą. Gdyby stanął dziś przed nami i mówił o prawdzie, o wzajemnej miłości, czy uwierzylibyśmy Mu? Gdyby stanął dziś przed   nami i mówił o niekrzywdzeniu siebie nawzajem, czy uwierzylibyśmy Mu? Czy bylibyśmy Mu posłuszni?

Prawdopodobnie odkrylibyśmy, że Jego prawda jest daleka od naszej rzeczywistości. Często przywykliśmy do czytania plotek, oglądania programów, w których ludzie są oskarżani o różne rzeczy. Nie zastanawiamy się nawet przez chwilę, gdy słyszymy o niepoważnych procesach sądowych, w których nie chodzi o prawdę, ale o pieniądze i uwagę mediów. Codziennie jesteśmy karmieni wszelkiego rodzaju kłamstwami i plotkami. Plotkami, które krzywdzą ludzi, których dotyczą, wiadomościami, które szkalują dobre imię, politycznymi kłamstwami

i historiami, które obwiniają innych ludzi za rzeczy, których nigdy nie zrobili. Przyjmujemy je, akceptujemy i one nas wypełniają. O Jezusie powiedziano, że był pełen prawdy. A my? Czego jesteśmy pełni?

Prawda wyjdzie z nas, gdy będzie przechowywana w naszych sercach. Jeśli jesteśmy pełni prawdy, możemy stanąć w jej obronie. Musimy jednak podjąć świadomą decyzję, by przestać słuchać kłamstw, oskarżeń i plotek i poświęcić czas na napełnianie się Słowem. Oznacza to wyłączenie telewizora, gdy zajdzie taka potrzeba, rezygnację z subskrypcji niektórych czasopism lub zaprzestanie spędzania czasu z ludźmi, którzy angażują się w takie praktyki. Już dziś możemy podjąć decyzję o zmianie naszej diety i karmieniu się prawdą!

Zastanów się nad następującymi kwestiami:

- *Jakie są moje ulubione programy telewizyjne, gazety i książki? Co mnie w nich pociąga?*

- *Ile czasu poświęcam na wypełnianie mojego umysłu i serca prawdą (czytanie Biblii, modlitwa itp.)? Jak wypada to w porównaniu z czasem, który poświęcam na rozrywkę?*

- *Czy szybko kogoś oskarżam? (nazwijmy to „osądzaniem")*

Zapisz swoje myśli:

6

Skarbiec dobrych rzeczy

... Dając wam z nieba deszcz i czasy urodzajne napełniając pokarmem i radością serca wasze.

Dzieje Apostolskie 14:17b

O Jezusie powiedziano, że był pełen łaski i prawdy. A co z nami? Co zajmuje miejsce w naszych sercach? Możemy być przepełnieni radością, wątpliwościami, strachem, nienawiścią, miłością lub współczuciem. Cokolwiek rozwija się w naszych sercach, ostatecznie stanie się owocem naszych ust.

Może nie zawsze zdajemy sobie z tego sprawę, ale kiedy zabieramy głos, mówimy o rzeczach, które przyjęliśmy i zachowujemy w naszych sercach. Możemy mieć w nim dobre lub złe rzeczy. Jezus ujął to w ten sposób:

Dobry człowiek wydobywa dobro ze skarbu dobrych rzeczy w swoim sercu; zły człowiek wydobywa zło ze skarbu złych rzeczy. Usta bowiem mówią to, co jest w sercu (Łk 6:45).

Ustami wyrażamy to, co jest w sercu. Nic więc dziwnego, że Bóg zachęca nas, byśmy nie oskarżali nikogo fałszywie, czy raczej: nic dziwnego, że Duch Święty zachęca nas, byśmy zawsze mówili prawdę. Biblia obszernie naucza o tym, co powinniśmy, a czego nie powinniśmy mówić. Na przykład Przypowieści Salomona 18:21:

Śmierć i życie są w mocy języka.

Dlatego nie są to tylko słowa wychodzące z moich ust, kiedy mówię, że to jest moc. Nasze słowa mają moc budowania lub niszczenia. W trzecim rozdziale Listu Jakuba możemy przeczytać, że język jest porównywany do steru wielkiego statku, który płynie tam, gdzie rozkaże mu kapitan. Pytanie brzmi więc, dokąd prowadzą nas nasze słowa? Czy prowadzą nas na ścieżkę zniszczenia
i niekończących się dramatów, czy też przenoszą nas na wyższy poziom życia? Wszystko zależy od tego, co przechowujemy w naszych sercach.

Jest to proste - jeśli chcemy mówić prawdę, musimy karmić się biblijną prawdą i gromadzić w sobie dobre skarby. Musimy przeprowadzić szczerą inwentaryzację. Tak długo, jak karmimy się fałszywymi oskarżeniami, czy to oglądając je, słuchając ich, czytając o nich, czy nawet wypowiadając je, nie możemy oczekiwać, że gdy będziemy mówić, zdrowe, prawdziwe słowa pojawią się na naszych ustach. Księga Izajasza 14:29 podaje nam typową wschodnią mądrość na ten temat:

... z zarodka węża wyrośnie żmija, a jej płodem będzie smok latający.

Uważaj, z czym igrasz! Złe rodzi gorsze. Jeśli chcemy gromadzić prawdę, musimy się nią otaczać. Musimy się nią napełniać.

Jezus udzielił kilku interesujących lekcji na ten temat. Powiedział:

Światłem ciała jest oko. Jeśli tedy oko twoje jest zdrowe, całe ciało twoje jasne będzie (Ewangelia św. Mateusza 6:22).

Mówi tutaj o naszej fiksacji. Mówi o rzeczach, które przyciągają naszą uwagę. Czy nasze oczy są wpatrzone w ekran telewizora, podejrzane strony internetowe, brutalne filmy, rzeczy czy talenty posiadane przez innych ludzi? Czy obrazy i słowa, które odbieramy naszymi oczami są dobre czy złe, pozytywne czy negatywne? Co czytamy? Czy rozkoszujemy się czytaniem plotek? Czy po cichu lubimy czytać o nieszczęśliwych sytuacjach w życiu celebrytów? Czy wypełniamy nasze umysły kłamstwami, fałszywymi oskarżeniami lub przewrotnością? Czy przewracamy się z boku na bok i nie śpimy w nocy z powodu „mrocznego" odcinka, który oglądaliśmy przed zgaszeniem światła? Jezus opisuje nasze oczy jako okno, przez które albo kalamy, albo oświecamy nasze ciała. Innymi słowy: uważaj na to, co oglądasz! Uważaj na to, co czytasz! Powinniśmy strzec naszego fizycznego wzroku, aby budować nasz duchowy wzrok. Skupianie naszych uszu i oczu na prawdzie napełni nas prawdą. Jak Jezus powiedział Piłatowi:

.... kto z prawdy jest, słucha głosu mego (Jana 18:37).

Prawda jest uosobiona w Synu Bożym, który przyszedł do nas w postaci osoby; kogoś, kto żył i poruszał się wśród ludzi na ziemi. Prawda przyszła w postaci osoby, która zaprzyjaźniła się z wyrzutkami społeczeństwa, chorymi, zdesperowanymi, samotnymi i zagubionymi. Zaprzyjaźnił się z nimi, aby mogli nauczyć się od Niego prawdy. Przebywając wśród zwykłych ludzi, Jezus miał szansę pokazać, na czym polega prawda. Mówił rzeczy, których nigdy wcześniej nie słyszeli i robił rzeczy, których nigdy wcześniej nie widzieli. Aż do Jego przyjścia na świat, religijni ludzie żyli według Prawa. Jeśli pojawiał się jakikolwiek spór lub zadawano trudne pytania, konsultowali się z nauczycielami Prawa, którzy znali wszystkie odpowiedzi. Jezus jednak wywrócił ich świat do góry nogami, gdy powiedział im następującą rzecz:

Jeżeli wytrwacie w słowie moim, prawdziwie uczniami moimi będziecie. I poznacie prawdę, a prawda was wyswobodzi (Ewangelia św. Jana 8:31-32).

O czym On w ogóle mówił? Czy twierdził, że ma inne nauczanie niż to, które zostało przekazane przez ich przodków? Czy zaprzeczał Prawu Mojżeszowemu i nauczaniu proroków? Oczywiście, że nie. Jezus wyjaśnił, że Prawo, które zostało przekazane, trzymało ich
w niewoli. Dał im okazję do wglądu w odkupieńcze dzieło na krzyżu. Tylko Syn może uwolnić ludzi; nie Prawo.

Jest to jedna z najważniejszych prawd, o których przyszedł mówić Jezus. W Ewangelii św. Mateusza 5:17 wyraził to jasno, mówiąc:

Nie mniemajcie, że przyszedłem rozwiązać zakon albo proroków; nie przyszedłem rozwiązać, lecz wypełnić.

On przyszedł na świat, aby te nauki stały się prawdą. Dlatego prawda nie jest spisanym oświadczeniem, jest osobą; żyje, porusza się, istnieje. Skoro Jezus twierdził, że jest prawdą, powinniśmy być w stanie nauczyć się od Niego kilku rzeczy, ponieważ wiele z Jego słów i czynów zostało spisanych. Przyjrzyjmy się bliżej życiu i słowom jedynej osoby, która nigdy nie dała się zwieść.

Większość ludzi zna narodziny Jezusa przedstawione w Ewangelii św. Łukasza. Osobiście znacznie bardziej podoba mi się wersja apostoła Jana. Oczywiście nie ma nic złego w dziewicy Marii, aniołach i pasterzach, ale Jan opowiada tę samą historię z zupełnie innej perspektywy, duchowej perspektywy. Zaczyna od bardzo mocnego stwierdzenia w wersecie 1:

Na początku było Słowo, a Słowo było u Boga, a Bogiem było Słowo.

W wersecie 14 mówi nam o narodzinach Jezusa:

A Słowo ciałem się stało i zamieszkało wśród nas, i ujrzeliśmy chwałę, jaką ma jedyny Syn od Ojca, pełne łaski i prawdy.

W tak niewielu słowach Jan wyjaśnia Biblię. Jezus istniał jeszcze przed stworzeniem świata, dlatego Jego ludzkie narodziny nie były początkiem Jego istnienia. Był taki sam jak Bóg, ale Jego ziemskie narodziny dały Mu inną chwałę. Chwałę, którą otrzymał jako jedyny syn Ojca. Jezus jest również nazywany Słowem. Na samym początku swojej księgi apostoł Jan mówi nam, że Jezus był pełen łaski i prawdy, a w wersecie 17 dodaje, że łaska i prawda przyszły przez Jezusa. Jan rozpoznał prawdę w Jezusie. Jego pisma są dowodem na to, że Jezus rzeczywiście przyszedł, aby mówić o prawdzie. Co najmniej dwadzieścia pięć razy Jan opisuje sytuację, w której Jezus mówi: *Mówię wam prawdę.* Inne tłumaczenie mówi „zaprawdę, zaprawdę, powiadam ci". Sprawdziłam słowo „zaprawdę" w Słowniku Języka Polskiego, ponieważ jest to słowo, którego już prawie nie używamy; oznacza ono po prostu „naprawdę, rzeczywiście, istotnie, doprawdy". W jakiś sposób Jezus zawsze przekonywał ludzi, że to, co mówi, jest prawdą. Zrobił to jeszcze raz, stojąc przed Piłatem (Ewangelia św. Jana 18:37):

Ja się narodziłem i na to przyszedłem na świat, aby dać świadectwo prawdzie.

Jezus istnieje wiecznie. Był, jest i ma przyjść. Był tam, zanim założono fundamenty ziemi. Jednak przyszedł na ziemię jako człowiek, dziecko urodzone przez młodą dziewicę. Przybył osobiście na ziemię, posłany przez Boga Ojca w określonym celu: aby głosić prawdę. Ludzie na Bliskim Wschodzie mieli Go pośród siebie, a On bardzo wyraźnie mówił im o sprawach życia codziennego.

Dla nas, ludzi XXI wieku, wszystko wygląda inaczej. Jezus nie jest już z nami osobiście. Powrócił do Ojca i zasiada po prawicy Boga. Dlatego prawda nie jest już z nami osobiście. Nie daje nam to jednak przyzwolenia na wymyślanie własnej prawdy. Kiedy Jezus odszedł, dał swoim naśladowcom bardzo wyraźny nakaz:

Mówię wam prawdę: ci, którzy we Mnie wierzą, będą czynić to, co Ja czynię - owszem, będą czynić jeszcze większe rzeczy, bo Ja idę do Ojca (J 14:12).

Kiedy Jezus chodził po ziemi, swoją obecnością wypełniał każde pomieszczenie i każdą przestrzeń. Nieustannie mówił o prawdzie. My również chodzimy po ziemi; niektórzy z nas nigdy nie docierają dalej niż na obrzeża miasta, podczas gdy inni latają z kontynentu na kontynent. Pozostaje pytanie, o czym mówimy? Jakie wrażenie pozostawiamy po sobie? Czy jesteśmy posłańcami prawdy?

Zastanów się nad następującymi kwestiami:

- *Jakie są moje ulubione tematy rozmów?*

- *Jak napełniam swoje serce dobrymi rzeczami?*

- *Jakie działania mogę podjąć, aby uważać na to, co oglądam?*

Zapisz swoje myśli:

7

Duch prawdy

Odpowiedział Jezus: Zaprawdę, zaprawdę, powiadam ci, jeśli się kto nie narodzi z wody i z Ducha, nie może wejść do Królestwa Bożego.

Ewangelia św. Jana 3:5

Czytając poprzednie rozdziały, możemy zastanawiać się, czy tak jak Jezus możemy być przepełnieni prawdą. Wszakże możemy już nie być z tego świata, ale wciąż w nim jesteśmy i jesteśmy przez niego zanieczyszczani, czasem nawet nie zdając sobie z tego sprawy. Skąd nadejdzie nasza pomoc?

Piłat trzykrotnie oświadczył, że nie może znaleźć w Jezusie żadnej winy. Piotr trzykrotnie oświadczył, że nie zna Jezusa. Obaj mężczyźni znali prawdę, ale ulegli presji i ludzkiemu strachowi, co powstrzymało ich od mówienia prawdy. Jeszcze przed swoim procesem przed Piłatem i zaparciem się Piotra, Jezus trzykrotnie ogłosił, że Pomocnik - Duch Prawdy - jest w drodze. Przyjrzyjmy się bliżej tym trzem potężnym i bardzo ważnym deklaracjom zapisanym w rozdziałach 14, 15 i 16 Ewangelii św. Jana.

Ewangelia św. Jana 14:16-17

Po raz pierwszy Jezus wspomina o przyjściu Ducha Prawdy zaraz po tym, jak przepowiedział zaparcie się Piotra. W Ewangelii św. Jana 14:16-17 możemy przeczytać następującą zapowiedź:

Ja prosić będę Ojca i da wam innego Pocieszyciela, aby był z wami na wieki – Ducha prawdy, którego świat przyjąć nie może, bo go nie widzi i nie zna; wy go znacie, bo przebywa wśród was i w was będzie.

Jest to miniaturowe przesłanie Dobrej Nowiny samo w sobie. Przede wszystkim pokazuje bliski związek między Jezusem a Jego Ojcem. Oni oczywiście komunikują się ze sobą; Jezus mówi, że *poprosi* Ojca. Jednocześnie jest też pewny, że Bóg odpowie na Jego prośbę: „On *da* innego Pomocnika". To wspaniała wiadomość. Duch, który objawia prawdę o Bogu, zostanie nam dany i pozostanie z nami na zawsze. W innym tłumaczeniu nazwano Go Duchem Prawdy. Jest tylko jedno ograniczenie... Świat nie może Go przyjąć. Co to dokładnie oznacza? Jeśli jest coś, czego świat potrzebuje, to jest to Duch Prawdy. Rozwiązałby on wiele problemów, jeśli nie wszystkie, i zakończył wszystkie spory. Jednak Jezus wyraźnie mówi, że świat nie może Go przyjąć, ponieważ nie może Go zobaczyć ani poznać.

Wierzę, że mówi tak, ponieważ otrzymanie Ducha Świętego w czyimś życiu nie jest masowym wydarzeniem na skalę światową. Otrzymanie Ducha Świętego jest osobistą sprawą między mężczyzną lub kobietą a Bogiem. Każda osoba, bez względu na kolor skóry, rasę, pochodzenie czy wiek, która pokłada wiarę w Jezusie Chrystusie, staje się dzieckiem Bożym i otrzymuje Ducha Świętego jako znak własności. Apostoł Paweł opisuje ten cud w Liście św. Pawła do Efezjan 1:13 w następujący sposób:

W nim i wy, którzy usłyszeliście słowo prawdy, ewangelię zbawienia waszego, i uwierzyliście w niego, zostaliście zapieczętowani obiecanym Duchem Świętym.

Ludzie, którzy nie wierzą w Jezusa Chrystusa, nie mają Ducha Świętego i szczerze mówiąc, nie rozumieją rzeczy duchowych, ponieważ Bóg ich nie oświecił. Pamiętam to wyraźnie z własnego życia. Chociaż dorastałam w chrześcijańskiej rodzinie i jako dziecko chodziłam do kościoła i szkółki niedzielnej, nie zostałam oświecona. Od urodzenia byłam chrześcijanką, po prostu dlatego, że moi rodzice i dziadkowie byli chrześcijanami. Musiałam dokonać własnego wyboru, aby uwierzyć w Jezusa Chrystusa, co zajęło mi dużo czasu, ponieważ byłam uparta i myślałam, że mogę żyć tak, jak chcę. Ale Boża miłość dogoniła mnie i upadłam na kolana, przyznając, że chcę zejść z tronu mojego życia. Przyznałam, że potrzebuję Go, by to On zasiadł na tym tronie i przejął władzę, ponieważ narobiłam bałaganu i szczerze mówiąc, byłam na drodze donikąd.

Co za wspaniały moment w moim życiu. Od tamtej pory żaden dzień nie był taki sam. Moje oczy natychmiast otworzyły się na Jego prawdę i Jego Słowo. Wszystko, co do tej pory uważałam za bzdury, stało się jasne. Otrzymałam Ducha Prawdy. Pewnego dnia, czytając Biblię, natknęłam się na Pierwszy List św. Pawła do Koryntian 2:14 i zobaczyłam prawdę wyraźniej niż kiedykolwiek wcześniej:

Ale człowiek zmysłowy nie przyjmuje tych rzeczy, które są z Ducha Bożego, bo są dlań głupstwem, i nie może ich poznać, gdyż należy je duchowo rozsądzać.

To takie prawdziwe i ważne. Jeśli tego nie zrozumiemy, będziemy osądzać i obwiniać ludzi za to, że są ślepi na Bożą prawdę, podczas gdy faktem jest, że oni nie widzą Bożych rzeczy. Zgodnie ze słowami Jezusa z Ewangelii św. Jana 14:16-17: świat nie może otrzymać Ducha Bożego, Ducha Prawdy, tylko ludzie, którzy pokładają wiarę i ufność w Bogu. Niektórzy ludzie podejmują taką decyzję, gdy są młodzi, inni - jak ja - odkładają to oddanie się Bogu na lata! Jak i kiedy to się stanie, zależy od Boga i od decyzji wolnej woli każdego człowieka. Najważniejsze jest to, że do tego dochodzi. Dlatego tak ważna jest modlitwa wstawiennicza za naszych bliskich, aby podjęli tę decyzję.

Ponadto Jezus powiedział, że poznamy Ducha, ponieważ pozostaje z nami i jest w nas. Poznanie kogoś jest wynikiem wspólnego spędzania czasu, rozmawiania, słuchania i zadawania pytań. Lubię to nazywać spędzaniem czasu z kimś. Jak więc możemy spędzać czas z Bożym Duchem Prawdy? Jak możemy Go lepiej poznać? Cóż, przede wszystkim musimy się komunikować. Dla wielu chrześcijan Duch Święty jest raczej niejasny. Wielu opisuje Go jako wiatr, ogień, moc lub gołębicę. Ale to są tylko symbole, to nie jest to, kim On jest! Duch Święty jest Bogiem, tak jak Jezus jest Bogiem. Jezus nie jest kawałkiem chleba, krzewem winnym czy skałą... są to symbole opisujące, kim On jest, opisujące Jego charakter. W ten sam sposób symbole są używane do opisania charakteru Ducha Świętego, który jest osobą. Osobą niewidzialną. Możemy Go słuchać, możemy Go zasmucać, możemy Go zapraszać. I tak, możemy z Nim na co dzień rozmawiać. Możemy   mieć z Nim społeczność, ponieważ On żyje i trwa w nas. Tak więc, kiedy Jezus powiedział, że możemy poznać Ducha, mówił o nawiązaniu relacji. Jest to zdroworozsądkowe, że musimy poznać Tego, który zamieszkał w naszych ciałach.

Chciałabym zachęcić cię, aby komunikacja z Duchem Świętym stała się częścią twojego codziennego życia. Wzywaj Go po imieniu i mów: „Duchu Święty, Duchu Prawdy, jesteś moim Pomocnikiem i potrzebuję pomocy przez cały czas. Dzisiaj potrzebuję pomocy w mojej pracy, z moją teściową, z moją dyscypliną żywieniową...", bez względu na to, czego to dotyczy. Poproś Go o objawienie w sprawach, które rozważasz. Proś Go o inspirację, gdy chcesz być kreatywny. Poproś Go o objawienie prawdy w palących sprawach. Poproś Go, aby pokazał ci serce Boga. On jest Duchem, który objawia prawdę o Bogu. Możemy Go prosić o wszystko!

Zajęło mi wiele lat, dużo czytania Biblii i kilka dobrych książek o społeczności z Duchem Świętym, zanim byłam w stanie współdziałać z Nim na co dzień. Moje religijne wychowanie i środowisko nie nauczyły mnie niczego o relacji z Duchem Świętym. Jednak w każdą niedzielę w kościele otrzymywaliśmy błogosławieństwo zapisane w Drugim Liście św. Pawła do Koryntian 13:13:

Łaska Pana Jezusa Chrystusa i miłość Boga, i społeczność Ducha Świętego niech będzie z wami wszystkimi.

Społeczność Ducha Świętego... Nigdy się nad tym nie zastanawiałam, podobnie jak miliony ludzi w kościele. Społeczność oznacza wspólnotę, towarzystwo, koleżeństwo, przyjaźń, partnerstwo, wzajemność. Mamy budować z Nim relację, tak jak ludzie, którzy zaprzyjaźnili się z Jezusem, gdy szedł wokół Jeziora Galilejskiego lub w kierunku Jerozolimy. Duch Święty chce być naszym przyjacielem i nauczyć nas wszystkiego o prawdzie. Osobiście uważam, że wcale nie potrzebujemy wielu lat i wielu studiów, aby cieszyć się tą społecznością. Powinno to przyjść naturalnie, kiedy zaczniemy się z Nim komunikować. To my sprawiliśmy, że sprawy stały się zbyt skomplikowane. Możemy przyjąć Jego zaproszenie jak dziecko. Jeśli nigdy nie rozmawiałeś z Duchem Świętym, zacznij od poproszenia Go o objawienie prawdy w sprawie, która od dłuższego czasu leży ci na sercu lub umyśle.

Jezus kontynuował swoją przemowę i powiedział:

Lecz pocieszyciel, Duch Święty, którego Ojciec pośle w imieniu moim, nauczy was wszystkiego i przypomni wam wszystko, co wam powiedziałem (Ewangelia św. Jana 14:26)

On jest gotów nauczyć nas wszystkiego! Czy naprawdę zdajemy sobie sprawę z tego, jak wielki i wspaniały dar został nam dany? Prawda żyje w nas jako nauczyciel. On nigdy nie powie niczego, co nie pochodzi od Boga. Da nam objawienie, inspirację i wyjaśnienie wszystkich kwestii związanych z życiem i wiarą.

Duch Święty sprawi, że przypomnimy sobie wszystko, czego nauczał Jezus. Czy zdarzyło ci się kiedyś coś takiego? Rozmawiasz z kimś i nagle padają słowa, które są bardzo trafne! Słowa, które trafiają dokładnie w punkt i zastanawiasz się... skąd to się wzięło? Skąd mam taką mądrość? Cóż, to jest działanie Ducha Świętego. On przypomina nam nauki Jezusa i daje nam właściwe słowa do wypowiedzenia we właściwym czasie. To prawdziwa radość, gdy tak się dzieje i wierzę, że Bóg chce, aby działo się tak przez cały czas! Osobiście doświadczam tego często podczas modlitwy zbiorowej, kiedy modlimy się

w grupie o konkretną sprawę. Wersety z Pisma przychodzą mi same do głowy. Nie muszę zmagać się w doborze właściwych słów; Duch Święty podsuwa mi do głowy Boże obietnice i zasady. Dzieje się to według Jego upodobania i uwielbiam, gdy tak się dzieje. On naprawdę jest naszym Pomocnikiem.

Ewangelia św. Jana 15:26

Po raz drugi Jezus zapowiada nadejście Ducha Prawdy w Ewangelii św. Jana 15:26. To prawie tak, jakby chciał położyć nacisk na fakt, że Jego naśladowcy nie zostaną pozostawieni sami sobie:

Przyjdzie Pomocnik - Duch, który objawia prawdę o Bogu i który pochodzi od Ojca. Poślę go do was od Ojca, a On będzie mówił o Mnie.

Po raz kolejny jest jasne, że ten Duch Prawdy pochodzi od Ojca, lub powinnam powiedzieć „przychodzi z Nieba". Nie przychodzi niezapowiedziany, nieproszony lub

z własnej woli, ale tylko dlatego, że Jezus Go posyła. Ten

dar z Nieba jest mocą Boga do przemiany naszego życia. Przemienia nas z niewolników (grzechu, wstydu, winy i strachu) w synów i córki Boga. Czyni nas rodziną, jak napisano w Liście św. Pawła do Galacjan 4:6-7:

A ponieważ jesteście synami, przeto Bóg zesłał Ducha Syna swego do serc waszych, wołającego: Abba, Ojcze! Tak więc już nie jesteś niewolnikiem, lecz synem, a jeśli synem, to i dziedzicem przez Boga.

Tak więc Duch jest posłany przez Boga. Jest Jego darem dla nas, tak jak Jezus jest Jego darem dla ludzkości. Z pewnością nie zasługujemy na takie boskie, królewskie dary, ale Bóg jest dobry i łaskawy i pragnie dać nam to, co najlepsze, tak jak każdy kochający rodzic zrobiłby to dla swojego dziecka.

Pytanie więc brzmi: „w jaki sposób przyjmujemy ten dar?" Czy doceniamy fakt, że Duch Święty chce uczynić nasze ciała swoim domem, czy też uważamy Jego obecność za coś oczywistego? Często pytam ludzi, czy Duch Święty żyje w nich, czy mają z Nim społeczność na co dzień i czy na bieżąco uczą się od Niego. Nigdy nie przestaje mnie zadziwiać, jak często otrzymuję odpowiedź, że ludzie nie są tak naprawdę pewni, że nie są w pełni świadomi, że to Duch Święty pozwala nam nazywać Boga naszym Ojcem. Nigdy nie przestaje mnie zadziwiać, że wielu chrześcijan prawie nigdy nie komunikuje się z Duchem, który w nich mieszka,

Duchem, który został dany jako pomocnik, doradca, nauczyciel i pocieszyciel. Wydaje się, że otrzymujemy Boży dar w sposób, w jaki czasami przyjmujemy ziemskie dary. Jesteśmy szczęśliwi i podekscytowani przez chwilę, ale kiedy nowość przemija, zapominamy i prezent ląduje w kącie. Czy nie jest sensowne powitać Go ciepło, tak jak byśmy to zrobili, gdyby był to sam Jezus? Wtedy zacznie do nas mówić. Będzie mówił o Jezusie. Jakie to niesamowite! Będzie mówił prawdę głęboko w naszych sercach; będziemy przepełnieni prawdą.

Z mojego osobistego doświadczenia i przekonania wynika, że Duch Święty często przemawia po cichu. On nie krzyczy. Jezus mówi, że objawi prawdę o Bogu. Objawi, da objawienie. Nie chcemy tego przegapić, jeśli chcemy dowiedzieć się więcej o prawdziwym charakterze Boga, który On pragnie widzieć w nas żywym. Dlatego właśnie musimy odciąć się od innych głosów, które *nie* mówią prawdy, aby zrobić Mu coraz więcej miejsca na rozmowę z nami.

Może to wymagać wyłączenia radia, telewizji, internetu, telefonów i innych gadżetów, które nie głoszą prawdy. Może to wymagać tymczasowego odejścia od przyjaciół, rodziny lub innych osób, które nie mówią prawdy. Nie powinniśmy się z nimi kłócić, walczyć ani ich osądzać. Po prostu bądźmy uprzejmi, ale jednocześnie chrońmy nasze oczy i uszy przed tym, co do nich dociera. Kiedy nie będziemy już kierować się tym, co mówią inni (mogą to być media lub członkowie naszej rodziny), ale tylko tym, co mówi Duch Święty, będziemy mówić prawdę!

Apostoł Paweł doszedł do tego punktu. Opisuje to w Liście św. Pawła do Rzymian 9:1:

Prawdę mówię w Chrystusie, nie kłamię, a poświadcza mi to sumienie moje w Duchu Świętym.

O tak, jest możliwe, abyś również doszedł do tego punktu. Nasze sumienie powinno być rządzone przez Ducha Prawdy, a nie przez okoliczności, doświadczenia, opinie lub inne głosy, jak widzieliśmy to w przypadku Piłata
i Piotra. Bycie rządzonym przez Ducha Świętego oznacza, że poddajemy się Jego prowadzeniu, Jego wskazówkom
i podpowiedziom. Oznacza to, że podążamy za Jego wskazówkami, a one są często subtelne!

Ewangelia św. Jana 16:13

Po raz trzeci Jezus zapowiada przyjście Ducha Prawdy w Ewangelii Jana 16:13-14. I dodaje, że Duch powie nam o rzeczach, które mają nadejść i że odda chwałę Jezusowi.

Lecz gdy przyjdzie On, Duch Prawdy, wprowadzi was we wszelką prawdę, bo nie sam od siebie mówić będzie, lecz cokolwiek usłyszy, mówić będzie, i to, co ma przyjść, wam oznajmi. On mnie uwielbi, gdyż z mego weźmie i wam oznajmi.

Duch, który objawia prawdę o Bogu lub, jak mówią niektóre tłumaczenia, Duch Prawdy, wprowadzi nas we wszelką prawdę. Jak długo potrwa, zanim zostaniemy doprowadzeni do całej prawdy? Nie wiem. Może to być proces trwający całe życie, ale jeśli Jezus to obiecuje, to wierzę, że tak się stanie. Bycie prowadzonym do całej prawdy oznacza, że kawałek po kawałku będziemy zdobywać zrozumienie i wgląd w Boże rzeczy. Poznamy Jego charakter, Jego pragnienia i Jego miłość. Oznacza to, że otrzymamy objawienie Jezusa, Jego Syna. Z pewnością oznacza to, że będziemy zaskoczeni i zachęceni za każdym razem, gdy On objawi nam prawdę.

Duch Święty, czyli Duch Prawdy, nie będzie mówił od siebie; będzie mówił tylko o tym, co usłyszy. Dokładnie tak działał Jezus, gdy był na ziemi. W Ewangelii św. Jana 8:28 Jezus mówi:

Gdy wywyższycie Syna Człowieczego, wtedy poznacie, że Ja jestem i że nic nie czynię sam z siebie, lecz tak mówię, jak mnie mój Ojciec nauczył.

To takie wspaniałe. Jezus nie przemawia od siebie i to samo dotyczy Ducha Świętego. Będą mówić tylko to, co usłyszą od Ojca. Są ze sobą w jedności i zgadzają się ze sobą. Nie ma ani jednego powodu, by bać się Ducha Świętego. Spotykam wielu chrześcijan, którzy boją się Ducha Bożego. Nauczono ich, by byli ostrożni i nie przywiązywali do Niego zbyt dużej wagi, jak czynią to inni wierzący. Wierzą nawet, że przejawy działania Ducha Świętego na ziemi pochodzą od złego. Nie ma ŻADNYCH biblijnych podstaw dla takich ostrzeżeń i chciałabym zachęcić wszystkich wierzących do zbadania Pisma Świętego na temat osoby i dzieła Ducha Świętego. Jest On Bożym darem dla ludzkości. Proszę, nie odrzucajcie Go.

Warto przeczytać, co Jezus miał więcej do powiedzenia:

A ten, który mnie posłał, jest ze mną; nie zostawił mnie samego, bo Ja zawsze czynię to, co się jemu podoba (Ewangelia św. Jana 8:29).

Jezus zawsze czyni to, co podoba się Bogu. Wcześniej w tej książce widzieliśmy, że to samo odnosi się do wierzących; powinniśmy starać się dowiedzieć, co podoba się Panu. Duch Święty nie jest tutaj wyjątkiem. Nigdy nie przemawia od siebie. Możemy więc być pewni, że Duch Prawdy przemówi do nas przy każdej okazji z przesłaniem bezpośrednio od Boga, z przesłaniem, które ma zgodę od Boga. Powie nam nawet o rzeczach, które mają nadejść! To nie czyni Ducha Świętego wróżbitą, ale z pewnością czyni Go posłańcem z Nieba. Oznacza to, że będzie w stanie ostrzec nas przed nadchodzącym niebezpieczeństwem. Będzie w stanie poprowadzić nas drogą, którą powinniśmy podążać. Będzie w stanie skorygować nas, gdy zejdziemy z właściwej ścieżki itp. itd.

Kolejną wspaniałą rzeczą, którą uczyni Duch Święty, jest przyniesienie chwały Jezusowi, ponieważ weźmie On to, co Jezus mówi i powie to nam. Duch Prawdy, który w nas mieszka, bierze to, co Jezus powiedział i przekaże to nam. Zbyt często oczekujemy, że Bóg przemówi z Nieba, mamy nadzieję na głos, który wyraźnie powie nam „tak” lub „nie”. Czekamy na znak, słowo lub chociażby szept z góry. Mój mąż powiedział kiedyś, że od czasu do czasu chciałby zobaczyć jeden z tych małych samolotów przelatujących nad nami i ciągnących transparent z Bożą odpowiedzią. Powiedział tak, ponieważ czasami mamy trudności z usłyszeniem Bożego głosu. Jesteśmy niecierpliwi i chcemy, aby używał metod, które znamy: jasnych odpowiedzi, pisemnych notatek lub słyszalnego głosu. Nie twierdzę, że Bóg nigdy nie będzie działał w ten sposób, ale dał nam Pomocnika, Ducha, który połączy nas z Bogiem. On jest nadajnikiem. Powie nam o rzeczach, które mają nadejść. Powie nam, co słyszy od Jezusa,
a czyniąc to, przyniesie chwałę Jezusowi. Nie możemy ignorować roli Ducha Prawdy w nas, On jest naszym niezbędnym towarzyszem.

Jeśli chcemy poznać prawdę, musimy nauczyć się słuchać Ducha Świętego, a nie wielu głosów na świecie po prostu dlatego, że świat Go nie zna.

Zastanów się nad następującymi kwestiami:

- *Jak mogę aktywować komunikację z Duchem Świętym?*

- *Czy jest w moim życiu obszar, w którym potrzebuję objawienia Prawdy przez duże P?*

- *Jakie głosy mają wpływ na moje codzienne życie?*

Zapisz swoje myśli:

8

Posłuszeństwo zdefiniowane na nowo

Biegliście dobrze; któż wam przeszkodził być posłusznymi prawdzie?

List św. Pawła do Galacjan 5:7

To wszystko brzmi wspaniale, nie sądzisz? Kiedy oddamy nasze serca Jezusowi, On da nam Ducha Świętego, Ducha Prawdy, i nie możemy popełnić błędu... nigdy. Jeśli jest to takie proste, dlaczego często mamy trudności ze zrozumieniem prawdy, dlaczego od czasu do czasu dajemy się nawet zwieść? Dlaczego nie zawsze mówię prawdę?

Wróćmy do słów Jezusa wypowiedzianych przed Piłatem. Powiedział On (Ewangelia św. Jana 18:37):

Każdy, kto z prawdy jest, słucha głosu mego.

Ustaliliśmy już, że Jezus *jest* prawdą. W zasadzie mówi więc On Piłatowi, że ktokolwiek do Niego należy, powinien Go słuchać! Moją pierwszą reakcją na te słowa było: jasne! Ktokolwiek należy do Jezusa, z pewnością słucha Jezusa. Kogo innego mielibyśmy słuchać? Ale potem dotarło do mnie... Jezus nie zakłada automatycznie, że każdy, kto do Niego należy, również słucha tego, co mówi. Możemy *wiedzieć*, co On mówi, możemy *słyszeć*, co On mówi, możemy *czytać*, co On mówi. Możemy nawet o tym *rozmawiać*. Ale ważne pytanie brzmi: czy robimy to, co On mówi? Innymi słowy: czy jesteśmy posłuszni? Jezus powiedział nieco wcześniej (Ewangelia św. Jana 14:15):

Jeśli mnie miłujecie, przykazań moich przestrzegać będziecie.

Nie lubimy tego słuchać, ale to właśnie nasz Pan miał na myśli. Słuchanie Jezusa, słuchanie prawdy, oznacza robienie tego, co On mówi, bez wyjątków. Kontynuuje On swoją mowę następującymi słowami,

Kto ma przykazania moje i przestrzega ich, ten mnie miłuje (Ewangelia św. Jana 14:21).

Zawsze podoba mi się, gdy Biblia używa słowa „ktokolwiek". Nie wyklucza ono nikogo. Jakakolwiek obietnica lub zasada wynikająca z tego słowa ma zastosowanie do każdej osoby, bez względu na wiek, rasę, płeć, pochodzenie czy wychowanie. Kto jest posłuszny Jezusowi, ten Go kocha. Kto należy do prawdy, słucha Jezusa, a nie własnych pragnień. Należeć do prawdy oznacza tak naprawdę należeć do Boga. Skąd więc człowiek może wiedzieć na pewno, że należy do Boga? Możemy to poznać dzięki Duchowi, który w nas mieszka. Jest to opisane w Pierwszym Liście św. Jana 3:24 [podkreślenia moje]:

A kto przestrzega przykazań jego, mieszka w Bogu, a Bóg w nim, i po tym Duchu, którego nam dał, poznajemy, że w nas mieszka.

Tak naprawdę nie ma znaczenia, w jaki sposób doszliśmy do żywej wiary w Boga, o ile wiemy, że otrzymaliśmy Ducha Świętego. Często łatwo jest wskazać datę i godzinę gdy ludzie w swoim życiu podejmują radykalną decyzję odnośnie Chrystusa. Poproszeni o złożenie świadectwa, będą mieli bardzo konkretną historię pokuty, przebaczenia i ponownego narodzenia.

Jednak ludziom, którzy byli w kościele przez większość swojego życia, często trudniej jest wskazać moment, w którym ich wiara stała się osobista. Kiedy to nie była już wiara ich rodziców lub dziadków, która trzymała ich przy życiu. Dorastałam w chrześcijańskiej rodzinie i kiedy byłam dzieckiem, chodziłam do kościoła i szkółki niedzielnej. Jednak gdy miałam szesnaście lat, postanowiłam pójść własną drogą. Nadal wierzyłam w Boga, nadal regularnie czytałam Biblię, ale nie prowadziłam życia miłego Bogu. Nigdy nie wyznałam swojego grzechu, nigdy nie zrozumiałam potrzeby Zbawiciela i nie doszłam do punktu zwrotnego w moim życiu, dopóki nie osiągnęłam wieku prawie czterdziestu lat. I nawet wtedy nie była to kwestia spektakularnego nawrócenia.

Patrząc wstecz widzę, że Duch Boży pracował nad moim sercem przez wiele miesięcy, zanim w końcu pozwoliłam Mu we mnie zamieszkać, zanim w końcu doszłam do punktu, w którym byłam gotowa poddać się i puścić stery mojego życia. Kilka tygodni później uczestniczyłam w kampanii ewangelizacyjnej i wystąpiłam z tłumu, by (dosłownie) oddać swoje życie Jezusowi, choć prawdopodobnie stało się to już kilka miesięcy wcześniej. W sferze duchowej było to już załatwione, ale do Jego oferty miłości i łaski dodałam krok praktycznej wiary, podnosząc się z miejsca, wychodząc do przodu, podnosząc rękę i wyznając ustami to, w co już wierzyłam w sercu. Otrzymałam Ducha Świętego jako Jego pieczęć własności i od tego momentu chciałam być prowadzona przez Jego Ducha, a nie przez moje własne pragnienia, emocje
i rozumowanie.

Jest to punkt, do którego niektórzy wierzący nigdy tak naprawdę nie dochodzą - oddanie panowania Duchowi Świętemu, Duchowi Prawdy, który w nas mieszka. Tak często chcemy, żeby Jezus był naszym Zbawicielem, naszym pocieszycielem i pomocnikiem, ale nie naszym Panem. Wierzę, że właśnie to ma na myśli Jezus, gdy mówi: „kto należy do prawdy, Mnie słucha". Jedną rzeczą jest mieć Go w sercu; inną rzeczą jest czynić to, co On nam mówi!

Zamieszkanie Ducha Prawdy w naszym życiu nie oznacza automatycznie, że będziemy wolni od wszelkiego zwiedzenia. Nie oznacza też, że automatycznie poznamy całą prawdę. Kluczem jest to, że musimy być posłuszni! Co to za pożytek - należeć do Jezusa i nie czynić tego, co On mówi? To tak, jakby powiedzieć: „Kochamy Cię, Jezu, ale nie chcemy wykonywać Twoich poleceń..." Widzimy to na całym świecie, a owocem jest rozwodnione chrześcijaństwo. Razem z mężem dużo podróżujemy i niezależnie od kraju, który odwiedzamy, zawsze spotykamy ludzi, którzy na przykład wyznają taką szkołę, że nie musimy już wyznawać naszych grzechów.

Kiedy Jezus umarł na krzyżu, wziął na swoje barki grzechy całego świata. Grzechy przeszłe, teraźniejsze i przyszłe. Jeśli przyjmiemy Jego łaskę, nie musimy już martwić się grzechem. Podkreślam, że jako wierzący nie powinniśmy koncentrować się na grzechu. Grzech nie powinien dłużej zaprzątać naszych myśli, ponieważ dzięki łasce Bożej otrzymaliśmy Bożą sprawiedliwość. Powinniśmy więc koncentrować się na sprawiedliwości, co daje nam pewność, że nic nie może oddzielić nas od miłości Chrystusa. Jednak Biblia wyraźnie stwierdza, że nie powinniśmy postępować tak, jakby grzech już nie istniał. W Pierwszym Liście św. Jana 1:8 znajdujemy wyraźne ostrzeżenie przed takim sposobem myślenia:

Jeśli mówimy, że grzechu nie mamy, sami siebie zwodzimy, i prawdy w nas nie ma.

To jest właśnie temat tej książki! Zwiedzenie powstrzymuje nas od życia w prawdzie. Jan mówi tutaj do wierzących, ludzi, którzy już otrzymali przebaczenie, ludzi, którzy już otrzymali Ducha Świętego, Ducha Prawdy. Nie podchodząc poważnie do grzechu można dać się zwieść. Mam nadzieję, że potraktujemy Jego słowa poważnie. Kolejne dwa wersety na ten temat są również bardzo potężne:

Lecz jeśli wyznajemy Bogu nasze grzechy, On dotrzyma obietnicy i uczyni to, co słuszne: przebaczy nam nasze grzechy i oczyści nas z wszelkiego zła. Jeśli mówimy, że nie zgrzeszyliśmy, czynimy kłamcę z Boga, a Jego słowo nie jest w nas.

Jeśli mówimy, że nie zgrzeszyliśmy, czynimy z Boga kłamcę. Wykonujemy dzieło szatana. Pamiętasz scenę w ogrodzie Eden? Musimy być bardzo ostrożni, aby nie pozwolić zwiedzeniu wejść do naszych umysłów. Musimy trzymać się prawdy i tylko prawdy. Apostoł Paweł jest zaniepokojony tym, że wierzący chwieją się w różnych kierunkach pod wpływem każdego nowego nauczania. Pisze on w Drugim Liście św. Pawła do Koryntian 11:3:

Obawiam się jednak, ażeby, jak wąż chytrością swoją zwiódł Ewę, tak i myśli wasze nie zostały skażone i nie odwróciły się od szczerego oddania się Chrystusowi.

Ponownie widzimy zwiedzenie sięgające aż do ogrodu Eden, gdzie wszystko się zaczęło. Biblia mówi nam, że w dniach ostatecznych słowo, prawda zostanie przekręcone i wielu ludzi zostanie zwiedzionych. Proszę, upewnij się, że nie jesteś jednym z nich. Musisz sam czytać Słowo i rozmawiać z Duchem Prawdy, który zamieszkał w twoim sercu. Jeśli zdecydujesz się słuchać, On wprowadzi cię w całą prawdę.

Nawiasem mówiąc, słuchanie w sensie biblijnym to o wiele więcej niż tylko słuchanie słowa, to słuchanie i działanie! List św. Jakuba 1:22 mówi:

A bądźcie wykonawcami Słowa, a nie tylko słuchaczami, oszukującymi samych siebie.

W tej książce mogliśmy zobaczyć, że zwodzenie ludzi jest dziełem wroga. Ale widzimy też, że możliwe jest również zwodzenie samych siebie. To jest coś innego. Nie zwódźcie samych siebie... to surowe ostrzeżenie apostoła Jakuba skierowane do wierzących rozproszonych po całym świecie. List ten został napisany w pierwszym wieku po Chrystusie. Jakimś cudem istnieli wierzący, którzy mieli zwyczaj słuchania słowa, ale nie działali zgodnie z nim. Jakub nazywa to zwiedzeniem. Jesteśmy zwiedzeni gdy myślimy, że słuchając kazania, nauczania lub czytając Biblię, wypełniliśmy nasz „obowiązek". To, czego się nauczyliśmy, musimy wprowadzić w życie. Przeczytajmy werset 25:

Ale kto wejrzał w doskonały zakon wolności i trwa w nim, nie jest słuchaczem, który zapomina, lecz wykonawcą; ten będzie błogosławiony w swoim działaniu.

Jakub mówi o doskonałym prawie, które wyzwala ludzi. Nie jest to dziewiąte przykazanie! Zobaczyliśmy w tej książce, że posłuszeństwo lub przestrzeganie Prawa to nie to samo, co wypełnianie go. Nieskładanie fałszywego świadectwa to jedno, a mówienie prawdy to drugie. Prawo miłości jest prawem, które wyzwala ludzi. To coś więcej niż tylko słuchanie tego, co mówi Jezus; musimy wprowadzić to w życie. Naprawdę wierzę, że do tego właśnie zmierzał Jezus, gdy stał przed Piłatem. Spójrzmy prawdzie w oczy - Piłat słuchał Jezusa i chciał, aby On się odezwał. Chciał usłyszeć słowa prawdy z Jego ust. Chciał słuchać, ale nie chciał robić tego, co mówił Jezus. Nie chciał Go naśladować i być Mu posłusznym.

Jeśli należymy do Chrystusa, musimy czynić to, co On mówi. To jest lub powinno być sercem współczesnego chrześcijaństwa. Jezus jest Prawdą, przez duże P. Jeśli należymy do Prawdy, musimy robić to, co On mówi, a to nazywa się „posłuszeństwem". Nie lubimy tego słowa, w zasadzie tak samo jak nie lubimy słowa „przykazanie". Nie boję się powiedzieć, że jeśli posłuszeństwo zniknie z naszego społeczeństwa, zniknie też prawda. Czytając historie biblijne widzimy, że działo się tak wielokrotnie. Na przykład w siódmym rozdziale księgi proroka Jeremiasza możemy przeczytać o nieposłuszeństwie ludu. Werset 28 mówi:

Oto naród, który nie był posłuszny Panu, swemu Bogu, ani nie reagował na napomnienia. Prawda zginęła, zniknęła z ich ust.

Prawda zginęła, ponieważ nikt nie chciał zareagować na napomnienie. Co za tragedia! Czy widzisz, że historia się powtarza? Jeśli nie będziemy czujni, prawda zniknie również z naszych ust. Obudźmy się i stańmy w obronie prawdy. Mam nadzieję, że moje teksty o Jezusie rzuciły ci wyzwanie. Mam nadzieję, że potrafisz zobaczyć, że posłuszeństwo Jego przykazaniom nie jest czymś negatywnym, przerażającym, przestarzałym lub legalistycznym... że jest to PRAWDA.

Czuję się prawie tak, jakbym błagała, wraz z pierwszymi apostołami, aby wierzący nie chwiali się w różne strony pod wpływem każdej fali popularnego nauczania, ale trzymali się prawdy. W Pierwszym Liście św. Jana 4:6 możemy przeczytać, co następuje:

My jesteśmy z Boga; kto zna Boga, słucha nas, kto nie jest z Boga, nie słucha nas. Po tym poznajemy ducha prawdy i ducha fałszu.

Zastanów się nad następującymi kwestiami:

- *Jak mogę uczynić moją wiarę bardziej praktyczną?*

- *Czy zdarza mi się słuchać bez działania?*

- *Czy Bóg mówił do mnie o czymś, na co jeszcze nie zareagowałem?*

Zapisz swoje przemyślenia:

9

Prawda na polu bitwy

*Miłość nie raduje się z niesprawiedliwości, ale się raduje
z prawdy.*

Pierwszy List św. Pawła do Koryntian 13:6

Patrząc wstecz na poprzednie rozdziały, możemy dojść do wniosku, że prawda nie jest zbiorem zasad, nie jest filozofią, nie jest zmiennym lub modnym stwierdzeniem. Nie, prawda jest uosobiona w Jezusie Chrystusie, który jest drogą, prawdą i życiem. A to, że poprosił On Ojca, aby posłał nam Ducha Prawdy, jest dobrą i niesamowitą wiadomością.

Duch Prawdy zamieszkuje w życiu każdego wierzącego i uczy nas, jak żyć w prawdzie. Życie w prawdzie nie jest kwestią prostego naciśnięcia przycisku lub zapamiętania zestawu instrukcji. Nie, jest to kwestia rozwijania relacji z Duchem Prawdy i życia kierowanego przez Niego. Apostoł Jan napisał:

Nie mam większej radości nad tę, gdy słyszę, że dzieci moje chodzą w prawdzie (Trzeci List św. Jana 1:4).

Chodzić w prawdzie - uwielbiam sposób, w jaki on to sformułował. Powinniśmy chodzić w prawdzie, tak jak chodzimy w świetle, co tak naprawdę oznacza bycie świadomym Bożej obecności i Bożych zasad, gdziekolwiek jesteśmy. Chodzenie w prawdzie oznacza praktykowanie jej, życie nią, bronienie jej, mówienie o niej.

Jestem mocno przekonana, iż to, że prawda biblijna jest kwestionowana, a nawet ignorowana w naszym społeczeństwie, jest jednym z powodów, dla których żyjemy w tak niespokojnym świecie. Fakt, że prawda biblijna jest kwestionowana nawet w naszych kościołach, jest jednym z powodów, dla których mamy tak wiele zgromadzeń pozbawionych mocy i rozwodnionego chrześcijaństwa. Coraz więcej denominacji kościelnych zaprzecza absolutnej i biblijnej prawdzie. Chrzest wodny, cuda, uzdrowienia, manifestacje Ducha Świętego, narodziny z dziewicy, grzech, bóstwo Jezusa... wszystko to jest kwestionowane. Nic nie da obwinianie za to jakiejkolwiek konkretnej denominacji, teologa czy porządku kościelnego. Wracając do tematu tej książki: nie oskarżajmy nikogo, ale mówmy prawdę! Upewnijmy się, że Słowo Boże jest mocno ugruntowane w naszych sercach, abyśmy mogli stanąć w obronie prawdy, gdy zajdzie taka potrzeba. Pierwszy List św. Jana 4:2-3 daje nam wskazówki, jak to zrobić:

Po tym poznawajcie Ducha Bożego: Wszelki duch, który wyznaje, że Jezus Chrystus przyszedł w ciele, z Boga jest. Wszelki zaś duch, który nie wyznaje, że Jezus Chrystus przyszedł w ciele, nie jest z Boga. Jest to duch antychrysta, o którym słyszeliście, że ma przyjść, i teraz już jest na świecie.

Jest na tym świecie wróg Chrystusa, wróg prawdy, który będzie próbował nas zwieść. Będzie próbował przekonać nas do składania fałszywego świadectwa, do oskarżania ludzi, do zaprzeczania prawdzie. To jest codzienna bitwa, którą toczymy. Przyjmijmy zatem prawdę, która jest częścią zbroi, którą dał nam Bóg, abyśmy mogli stać i odpierać ataki wroga. List św. Pawła do Efezjan 6:14 mówi:

Stójcie tedy, opasawszy biodra swoje prawdą...

Opasawszy czyli mamy użyć pasa. Do czego obecnie służy pas? Podtrzymuje nasze spodnie. Zapobiega chodzeniu z gołymi pośladkami. Prawda pomoże zakryć naszą nagość, naszą bezbronność. Prawda trzyma wszystko razem, podczas gdy świat się rozpada. Nie możemy i nie powinniśmy nigdzie chodzić bez pasa prawdy.

Zbyt często nie zdajemy sobie sprawy, że jesteśmy zaangażowani w duchową bitwę. Chcemy brać udział w kościelnych piknikach i imprezach towarzyskich. Chcemy dekorować nasze kościoły na Boże Narodzenie i Wielkanoc. Nie ma nic złego w tych czynnościach, które często są punktem kulminacyjnym naszych świąt religijnych, ale *nie* są one rdzeniem wiary chrześcijańskiej.

Chcemy, aby nasza wiara przyniosła nam pokój i dobrobyt. Chcemy mieć poczucie przynależności i bezpieczeństwa. Często czujemy się źle traktowani, gdy atakuje się nas za nasze wartości i przekonania. Narzekamy, że odbierane są nasze chrześcijańskie wolności. Jakże odmienne jest takie myślenie od postawy pierwszych chrześcijan. W Drugim Liście do Koryntian 6:8 apostoł Paweł pisze:

Przez chwałe i hańbę, przez zniesławienie i przez dobrą sławę; jako zwodziciele, a jednak prawi...

Traktowano ich jak kłamców, a jednak oni nadal mówili prawdę. Nie płakali ani nie narzekali, nie wycofali się, nie zmienili swojej teologii, aby zadowolić masy. Myślę, że nadszedł czas, aby zdać sobie sprawę, że jesteśmy żołnierzami na misji, a nie wczasowiczami na rejsie.

Prawda biblijna jest częścią zbroi, którą dał nam Bóg i powinniśmy ten pas nosić. Pomoże nam ona być osłoniętymi i chronionymi ze wszystkich stron. Sama prawda będzie nas otaczać, gdy będziemy zajmować się naszymi sprawami. Z własnego doświadczenia wiem, że wartości, przekonania i zasady, według których żyję, nie są takie same jak te, które promuje świat.

W rzeczywistości często są one przeciwieństwami. Stawanie w obronie biblijnych wartości rodzinnych, małżeństwa, przeciwko aborcji, chciwości i bałwochwalstwu jest sprzeczne z powszechnym przekonaniem. Ale tego właśnie Bóg oczekuje od swoich dzieci. Jeśli należymy do Niego, musimy być Mu posłuszni.

Lecz wyrzekliśmy się tego, co ludzie wstydliwie ukrywają, i nie postępujemy przebiegle ani nie fałszujemy Słowa Bożego, ale przez składanie dowodu prawdy polecamy siebie samych sumieniu wszystkich ludzi przed Bogiem. (Drugi List św. Pawła do Koryntian 4:2).

To jest miłe Bogu. Nie fałszujmy Słowa Bożego, aby uczynić je bardziej akceptowalnym lub przystępnym.

Kiedy badałam Pismo Święte w temacie Ducha Prawdy mieszkającego w wierzących, nie mogłam przestać myśleć o ogromnym pozytywnym wpływie, jaki moglibyśmy mieć na niespokojny świat, który jest oszukiwany przez złego. Gdyby miliony, setki milionów wierzących pozwoliło Duchowi Prawdy prowadzić je i pouczać, bylibyśmy w stanie odegnać ciemność. Prawda obnażyłaby fałsz. Diabeł straciłby swoje terytorium,
a coraz więcej ludzi poznałoby miłość Boga. Jaką radosną armią moglibyśmy być - armią miłości. Pierwszy List św. Pawła do Koryntian 13:6 mówi:

Miłość nie raduje się z niesprawiedliwości, ale się raduje z prawdy.

Zastanów się nad następującymi kwestiami:

- *Co robię z moją duchową zbroją?*

- *Jak bronię prawdy, gdy jest ona kwestionowana?*

- *Napisz wyznanie swoich podstawowych przekonań biblijnych.*

Zapisz swoje przemyślenia:

10

Napomnienie

*Prawda jest treścią słowa twego i na wieki trwa
sprawiedliwy wyrok.*

Księga Psalmów 119:160

Mam szczerą nadzieję, że ta książka pokaże, że czytanie Biblii lub chodzenie do kościoła nie oznacza automatycznie, że żyjemy w prawdzie. Nie oznacza to automatycznie, że jesteśmy posłuszni Bożemu sercu.

Może się wkraść zwiedzenie (przekręcona prawda) - jak dowiedzieliśmy się z wydarzeń w ogrodzie Eden. Czasami są to małe rzeczy, na przykład, gdy nie mówimy prawdy, gdy jesteśmy o to pytani. Powiedzmy, że przyjaciółka chciałaby poznać naszą opinię na temat nowej sukienki lub niedawno kupionego samochodu. Zbyt często mówimy, że nam się dana rzecz podoba, ale tak naprawdę nie mamy tego na myśli. Zbyt często mamy trudności
z powiedzeniem tego, co naprawdę leży nam na sercu. Pomijając to, że Pan chce, abyśmy byli szczerzy, takie „słodkie kłamstwa" nie pomagają drugiej osobie. Oczywiście mówienie prawdy w miłości wymaga

praktyki. Jest ogromna różnica między powiedzeniem „to brzydka sukienka" a „podoba mi się, ale niebieska bardziej do ciebie pasuje". Czasami prawda jest bolesna i musimy nauczyć się mówić ją w miłości. Mówienie prawdy może stać się naszym nawykiem, ale nie powinniśmy zapominać, by robić to ostrożnie i z rozwagą. Duch Prawdy nam w tym pomoże. Jeśli nauczymy się robić to w małych, codziennych sprawach, będziemy wyćwiczeni do naprawdę ważnych życiowych spraw. Jeśli nie potrafimy stanąć w obronie małych spraw, jak będziemy mogli stanąć w obronie spraw ważnych?

Oprócz mówienia prawdy równie ważne jest rozróżnianie prawdy od kłamstwa. Tak często słyszę, jak ludzie mówią: „Przeczytałem to w gazecie" lub „Widziałem to w telewizji" i dlatego dochodzą do wniosku, że te informacje muszą być prawdziwe. Naprawdę uważam to za jedno z największych zagrożeń dla wiary chrześcijańskiej. Wielu ludzi mówi z większą pewnością i przekonaniem o codziennych wiadomościach, niż kiedykolwiek mówiliby o Słowie Bożym. Wielu ludziom łatwiej jest wierzyć meteorologowi niż Temu, który trzyma w swoich rękach klucz do magazynów deszczu, wiatru i śniegu. Wielu ludzi całkowicie ufa naukom medycznym, znacznie bardziej niż Bożym obietnicom. Większość ludzi spędza więcej czasu ze swoimi lekarzami, specjalistami lub terapeutami niż z Panem w modlitwie. Jak to możliwe?

Nie zrozum mnie źle - nie mówię, że chrześcijanin nie powinien czytać gazet lub chodzić do lekarza. Te decyzje należą do ciebie. Musimy jednak uważać, by nie przedkładać światowych informacji i wiedzy nad mądrość i prawdę Słowa Bożego. Osobiście znam ludzi, którzy lepiej zapamiętali instrukcje brania swoich leków niż jakiekolwiek wersety z Pisma Świętego. Znają wszystkie skutki uboczne, ale są w stanie przegapić błogosławieństwa obiecane przez Boga w Jego Słowie. Wierzę, że nadszedł czas, abyśmy wołali do Boga o rozeznanie, o zdolność rozpoznania, czy coś pochodzi od Niego, czy nie. Musimy uważać, by nie wierzyć każdemu głosowi, który do nas przemawia, ale rozpoznać głos prawdy.

Jeśli wierzymy w prawdę, powinniśmy również czynić to, co ona mówi. Powinniśmy być posłuszni naukom Jezusa. W Ewangelii św. Jana 8:31-32 Jezus przemawia do wierzących, a Jego nauki z pewnością przemawiają do nas i dzisiaj:

Mówił więc Jezus do Żydów, którzy uwierzyli w niego: Jeżeli wytrwacie w słowie moim, prawdziwie uczniami moimi będziecie i poznacie prawdę, a prawda was wyswobodzi.

Tak, prawda nas wyzwoli. Uwolni od potępienia, strachu, poczucia winy i wstydu. Czyż wszyscy nie uwielbiamy tego wersetu? Nie możemy jednak oddzielać wersetu 32 od 31. Naprawdę jesteśmy Jego uczniami, jeśli jesteśmy posłuszni Jego nauczaniu, poznamy prawdę, a prawda nas wyzwoli. Nie możemy oczekiwać wolności, jeśli nie chcemy być posłuszni. Proszę, porzuć myśl, że posłuszeństwo Jego przykazaniom jest myślą ze Starego Testamentu. Apostoł Jan pisze:

A z tego wiemy, że go znamy, jeśli przykazania jego zachowujemy. Kto mówi: Znam go, a przykazań jego nie zachowuje, kłamcą jest i prawdy w nim nie ma. Lecz kto zachowuje Słowo jego, w tym prawdziwie dopełniła się miłość Boża. Po tym poznajemy, że w nim jesteśmy. Kto mówi, że w nim mieszka, powinien sam tak postępować, jak On postępował (Pierwszy List św. Jana 2:3-6).

Zostało to dokładnie sprecyzowane. Jeśli jesteśmy posłuszni, kochamy Boga. Jeśli nie jesteśmy posłuszni, jesteśmy kłamcami. Wtedy nie ma w nas prawdy. Ponadto Jan wzywa do stosowania tej prawdy: rób to, żyj tym! Żyj tak, jak żył Jezus. To jest praktyczne chrześcijaństwo. Nie pozwól nikomu ci wmówić, że Boże przykazania są przestarzałe, trudne lub już nieaktualne. One pokazują nam serce Boga. Jan błaga wierzących swoich czasów, a one z pewnością przemawiają do nas i dzisiaj:

Każdy, kto wierzy, iż Jezus jest Chrystusem, z Boga się narodził, a każdy, kto miłuje tego, który go zrodził, miłuje też tego, który się z niego narodził. Po tym poznajemy, iż *dzieci Boże miłujemy, jeżeli Boga miłujemy i przykazania jego spełniamy. <u>Na tym bowiem polega miłość ku Bogu, że się przestrzega przykazań jego</u>, a przykazania jego nie są uciążliwe. Bo wszystko, co się narodziło z Boga, zwycięża świat, a zwycięstwo, które zwyciężyło świat, to wiara nasza* (Pierwszy List św. Jana 5:1-4).

Jego przykazania nie są uciążliwe, powinny być radością naszego serca. Jezus dał nam zarówno największe przykazanie, jak i wielki nakaz misyjny. Kazał nam kochać Boga ponad wszystko, a naszych bliźnich jak siebie samych, a następnie iść przez świat i być na ziemi żywym ciałem Chrystusa.

Chciałabym zakończyć tę książkę kilkoma wersetami dotyczącymi prawdy. Będą ci pomocne i zbudują twoją wiarę, gdy będziesz

- czytać je na głos,

- rozważać je,

- używać ich w modlitwie,

- prosić Ducha Świętego, aby ożywił te słowa, i

- jeśli to możliwe, praktykować je (wprowadzać w życie)!

Duch Prawdy, który zamieszkał w twoim sercu, będzie ci pomagał każdego dnia i w każdym momencie. Będzie objawiał prawdę o Bogu i oddawał chwałę Jezusowi.

Prowadź mnie w prawdzie swojej i nauczaj mnie. Ty bowiem jesteś Bogiem zbawienia mego, ciebie tęsknie wyglądam codziennie (Księga Psalmów 25:5). Mamy w sobie żyjącego Nauczyciela, Ducha Prawdy. Możemy prosić Go o pomoc, by żyć w prawdzie.

Otwórz oczy moje, abym oglądał cudowność zakonu twego (Księga Psalmów 119:18). Czasami zostaliśmy zaślepieni przez nasze wychowanie, pewne doktryny lub nauki
i musimy poprosić Ducha Prawdy o objawioną wiedzę.

Mowa szczera trwa wiecznie, lecz fałszywa tylko chwilę (Przypowieści Salomona 12:19). Kłamstwo umrze, ale prawda będzie żyć wiecznie. Możemy prosić Ducha Prawdy, aby pomógł nam i zainspirował nas do wypowiadania słów wiecznego życia i prawdy nad naszymi rodzinami, kościołami i narodem.

Lecz abyśmy, będąc szczerymi w miłości, wzrastali pod każdym względem w niego, który jest Głową, w Chrystusa (List św. Pawła do Efezjan 4:15). Prawda bez miłości może być szkodliwa. Powinniśmy prosić Ducha Prawdy, aby objawiał nam Chrystusa we wszystkim, co myślimy, mówimy lub robimy.

Przeto, odrzuciwszy kłamstwo, mówcie prawdę, każdy z bliźnim swoim, bo jesteśmy członkami jedni drugich (List św. Pawła do Efezjan 4:25). Cóż za napomnienie dla dzisiejszego kościoła. Żyjmy ze sobą w prawdzie i nie chowajmy się już za naszymi maskami.

A oni zwyciężyli go przez krew Baranka i przez słowo świadectwa swojego, i nie umiłowali życia swojego tak, by raczej je obrać niż śmierć (Objawienie św. Jana 12:11). Możemy pokonać wroga krwią Jezusa i prawdą, którą głosimy. Gdy biblijne wartości są kwestionowane lub atakowane powinniśmy prosić Ducha Prawdy, by dał nam właściwe słowa do wypowiedzenia.

Zastanów się nad następującymi kwestiami:

- *Jaka jest moja definicja prawdy?*

- *Czy toleruję niebiblijne nauki, które mogą zmienić moje podejście do prawdy?*

- *Jak zazwyczaj reaguję, gdy jestem proszony o szczerą odpowiedź?*

Zapisz swoje przemyślenia:

Bibliografia

Dostępna również w języku polskim:

Łaska dawania, *klucz do doświadczania pełni życia*

Zdobywca Złotego Medalu 2011 w plebiscycie czytelników „Najlepsza chrześcijańska literatura faktu".

Jedną rzeczą jest twierdzić, że nie kradniemy, ale logicznie byłoby zadać sobie pytanie: „Jak przejść od zwykłego posłuszeństwa temu przykazaniu do wypełniania go w naszym codziennym życiu? Czy naprawdę można stać się radosnym dawcą?".

„Łaska dawania" to czwarta z tej serii, wielokrotnie nagradzana książka. Marja odpowiada w niej na powyższe pytania i dogłębnie przygląda się przykazaniu „nie kradnij". Autorka przedstawia wyzwalające i świeże spojrzenie na ósme przykazanie. Pokazuje, jak możemy porzucić drogę złodzieja, który zawsze woła o więcej, więcej i więcej. Jesteśmy zaprogramowani, by spędzać większość naszego życia na gromadzeniu dóbr, których pragniemy, takich jak dom, samochód, łódź, praca, pieniądze czy partner. Myślimy, że to uczyni nas szczęśliwszymi i zapewni nam bardziej spełnione życie. Jak możemy zmienić tę ludzką postawę gromadzenia w postawę dawania? Na swój sposób, krok po kroku, autorka powoli pokazuje drogę Mistrza, która jest radosnym, obfitym i ofiarnym dawaniem, które doprowadzi nas do życia w obfitości!

Książka jest również dostępna w wersji papierowej w języku angielskim, włoskim, hiszpańskim, niemieckim i rosyjskim.

Odwiedź autora na www.marjameijers.com

Książki dostępne w języku angielskim:

First Love, *Embracing the challenge to pursue faithful relationships (2022)*

True Worshipers, *Answering the father's call for a lifestyle of pure devotion* (2020)

In My Name, *Inviting God's holy presence in daily situations* (2018)

Spirit of Truth, *Finding certainty and standing firm in a troubled world* (2016)

My Neighbor's House, *Digging Deeper to Find the Treasure That will Satisfy the Longing of Your Heart* (2013)

Grace of Giving, *Turning the Key to Enter & Experience Fullness of Life* (2011)

Breath of Life, *A Journey into Origin and Purpose of Spirit, Soul, and Body* (2008)

Respectfully Yours, *Revealing God's Truth about Well-being and a Long Life* (2007)

Sacred Sabbath, *God's Way to Multiply Our Time and Restore Our Joy* (2006)